AF405522

RE-CONOCIENDO A LOS AZTECAS

SABIDURÍA PARA LA VIDA ACTUAL

Domingo Ferrer

Oliver De La Rosa

De La Rosa Anzures, Oliver y Ferrer Vivó, Domingo.

Re-conociendo a los Aztecas. Sabiduría para la vida actual.

María Teresa Berumen Ortega (ed.), Ciudad de México.

Plenitud Azteca, 2021.

Título: **Re-conociendo a los aztecas. Sabiduría para la vida actual**

Autores: De La Rosa Anzures, Oliver

          Ferrer Vivó, Domingo.

Ilustraciones y tablas: De La Rosa Anzures, Oliver

Edición y diseño del libro: Berumen Ortega, María Teresa

ISBN: 9798756193978

Segunda Edición: Noviembre de 2021 (Primera edición 2015)

© 2021 Plenitud Azteca

plenitudazteca.com

Instagram y Facebook: @plenitudazteca

De los autores y editores:

Oliver De La Rosa: oliver@plenitudazteca.com

                Instagram: @oliverdelarosaanzures

Teresa Berumen: teresab@plenitudazteca.com

Dedicamos el presente trabajo a la gran civilización de los aztecas y a todos los que se consideran herederos de su tradición y sabiduría.

Agradecemos al Dr. Israel Ugalde, Fundador & CEO de Plenitud Azteca; a Lily Domit, cofundadora y Directora de la Fundación Internacional de Unidad Humana. Igualmente, a la Dra. Teresa Ochoa Rivera y la Arq. Mariana Arregui Trujillo por sus aportaciones y sugerencias. Asimismo, un destacado agradecimiento a la Arq. María Teresa Berumen Ortega por la edición, revisión y maquetación de este libro; sin su apoyo este texto no habría sido publicado.

CONTENIDO

PRÓLOGO

Orando empezaban los aztecas su día.

Plegaria en nahuatl:

Initlahuitl Anehone Enemoach

Cuatlatli Oxoatli Tlahoneuitl

Ixtinitl Anehuil Enecoach

Natihual Enemoch Iteolitl

Enehuil Enechuico

Ichtepa, o Ichtepa

Señor del gran poder

Gracias por darme la dicha de ser parte tuya.

Gracias por permitirme tener paz.

Gracias por dejar que mi espíritu

tenga esto que necesita

para ser por tanto tiempo feliz.

No habrá sol ni lluvia que no pueda agradecerte.

Viviré siempre tranquilo dentro de este templo,

para ti y por ti.

Gracias Señor del Firmamento. [1]

---

[1] Estas dos oraciones fueron facilitadas por un grupo que se considera heredero de la cultura azteca y que desea permanecer anónimo. El templo que menciona la segunda oración se refiere al cuerpo individual.

INTRODUCCIÓN

El presente libro es el fruto de nuestras investigaciones, que tuvieron un primer eco en el libro *A la Plenitud del Ser por la Magia Azteca.* Si bien este libro es distinto al anterior, el objetivo principal es el mismo: Re-conocer a los aztecas y su legado desde otra perspectiva distinta a lo que nos han dicho de ellos. Que se cuestione la visión errónea de una cultura deficiente, a una de las culturas más valiosas que el mundo ha tenido; una reconstrucción totalmente diferente.

Igualmente, reconocer que fueron una civilización que logró grandes avances y muchas posibilidades de toda índole, tanto que hoy día nos sorprenden sus rasgos extraordinariamente modernos, de los cuales su *tlamatiliztli* o sabiduría es uno de los elementos que podríamos reaprender y revalorar para la vida actual.

A menudo se piensa que las culturas antiguas eran incivilizadas si establecemos un margen comparativo con nuestra sociedad actual. No obstante, podremos identificar que en muchos aspectos eran más adelantados que nosotros, que ahora estamos reaprendiendo elementos que antes ya se tenían para el desarrollo social, político, económico y cultural. Como se podrá deducir en los textos de este libro, esta cultura del Valle de México ya contaba con propuestas de construcción de una sociedad que buscaba el bien común, tanto en lo individual como en lo social.

Para entender mejor a la cultura azteca, es necesario que nos adentremos en sus aspectos más relevantes, de los cuales, el más importante es la profunda y genuina fe que tenían.

Diversas explicaciones se tienen acerca del politeísmo de estos pueblos, sin embargo, nosotros opinamos lo contrario, puesto que se ha malentendido la interpretación de muchos textos donde se manifiesta claramente la creencia en un único Dios. Esto se evidencia en su poesía, en los códices, y en las mismas crónicas que nos ofrecieron tanto los frailes como los nativos y mestizos.

Ciertamente, se referían a Dios con una diversidad de nombres: *Moyocoyatzin, Ometeotl, Omeyocan, Ipalnemohuani,* o *Ixtepa*, sólo por mencionar algunos, pero no se deben confundir estos nombres con los atributos y manifestaciones de ese Dios azteca que se inventa a sí mismo (*Moyocoyatzin*) y que se manifiesta de manera dual (*Ometeotl*). Tampoco, se debe confundir esta dualidad como una mera dicotomía de aspectos equivalentes, por ejemplo, pensar que el bien y el mal se complementan.

Al contrario, dentro de su cosmovisión ellos se empeñaban para inclinar la balanza a favor del bien. Tanto se esforzaban que estaban dispuestos a ofrendar su propia vida en el *tlamanaliztli* o Sacro-Oficio (sacrificio), de manera que con su sangre, corazón y espíritu pudieran ayudar a mantener el orden del universo y la vida, convertirse ellos mismos en verdaderos guerreros agradecidos con el Señor del Firmamento.

Poseían una fe que nacía de la *inocencia*, pero también de la *conciencia*. La primera concebida no como ignorancia, sino con percibir de manera sencilla, como un niño, y tener en su fe una entrega total. La segunda porque también eran conscientes de muchas catástrofes que ya habían acontecido, y que ellos mismos querían evitar con sus propios recursos, porque igualmente eran conscientes de que el bien y el mal existen, postulándose a favor del bien, claro está.

También, es importante mencionar por qué nos referimos a ellos como aztecas en este libro y no tanto como mexicas. Una buena parte de los historiadores opina que es mejor usar la palabra mexica cuando se habla de la cultura que se representa en *Tenochtitlan*, así, los aztecas vendrían siendo el pueblo anterior que venía de *Aztlan* (lugar de la blancura o lugar de las garzas). Sin embargo, simultáneamente ellos mismos se hacían llamar aztecas, como un título honorífico que honraba su historia, y porque se consideraban herederos de una gran cultura muy antigua, anterior incluso a su establecimiento en *Aztlan*. Con esto, nosotros también honramos esa memoria de los aztecas e incluimos ambos términos.

En cuanto a la estructuración del libro, la primera sección está dedicada a entender el contexto que ha llegado hasta nuestros días, cómo era la capital azteca, su organización social, sus adelantos culturales, su camino de rectitud *in qualli yectli*, todo esto para contar con un mejor entendimiento de su civilización, de su *modus vivendi*. La segunda parte aborda el ciclo anterior de culturas, el de la Atlántida, y el origen de los aztecas. La tercera parte se adentra en su teología, cosmogonía y visión del sacrificio o *tlamanaliztli*. La última sección toca los crímenes que se vivieron en la invasión española, el gran trabajo de recopilación de los frailes, las repercusiones e inspiraciones que tuvieron estas interacciones interculturales que trajeron cambios en el mundo moderno, los *Huey Tlatoque*, una síntesis del guerrero azteca *Cuauhtémoc,* así como la presentación de un modelo de *tlamatiliztli* o sabiduría para la vida actual.

Respecto al aparato crítico, las notas se agregan a pie de página, las citas textuales en cursivas con comillas inglesas, y las citas largas en un párrafo aparte sin comillas. Los nombres y palabras en nahuatl prevalecerán sin acentuación, ya que la mayoría de ellas son de pronunciación grave, por lo que consideramos es la mejor manera de escribirlas. Si las palabras en nahuatl se encuentran acentuadas en una cita textual, se dejarán tal como está en el original.

La información que se presenta no es nueva en algunos aspectos, pero en otros sí, porque aporta información que anteriormente era desconocida o que se ha malinterpretado con el paso del tiempo, ya sea por desconocimiento, por nuevos descubrimientos en la materia, o por los intentos de desacreditar y anteponer otras visiones que fomentan la discriminación cultural, ante una civilización que quedó casi en la destrucción total.

Asimismo, es importante entender que los hechos y relaciones aztecas, dieron paso a grandes cambios en el mundo, en educación, salud, alimentación, agricultura, ética, derechos, sólo por mencionar algunos ejemplos. Con esto, no quiere decir que haya sido una cultura perfecta, sin fallas ni tropiezos. Tampoco queremos caer en una idealización, todo lo contrario, a pesar de sus errores, porque eran humanos como todos nosotros, ese pueblo sacó lo mejor que tenemos como humanidad, y es lo que nosotros queremos dar a conocer con nuestro trabajo, para que se les dé el lugar que les corresponde en la historia.

Igualmente, con relación a los 500 años de la caída de Tenochtitlán, se han suscitado muchas polémicas. Nosotros creemos que no se trata de pedir disculpas en estos tiempos por las acciones de la gente del pasado, ni exigir alguna especie de indemnización, pero tampoco justificar los crímenes cometidos de los europeos en América. Creemos que las soluciones actuales van más orientadas a reconocer que hay vacíos históricos, narraciones que privilegiaron la visión de los 'vencedores', y que la construcción de las naciones entre México, España y el resto del mundo se encamine a un bien común de sus ciudadanos, teniendo buenas relaciones diplomáticas, comerciales y culturales.

Esto, porque tampoco es una de nuestras intenciones menospreciar nuestro tiempo actual al establecer comparaciones entre los aztecas y nosotros, no se trata de saber quién era mejor y por qué, pero sí incitamos a la reflexión de todos los elementos positivos que se pueden rescatar. Debemos ser sabios, aprender de otras culturas hermanas, de nuestros errores del pasado y del presente para no repetirlos. Aprendamos otra vez a ser inocentes, amorosos, fuertes y conscientes de lo hermosa que es la vida y la existencia, porque como decía el último *Huey Tlatoani Cuauhtémoc* a través de los herederos de su tradición, *"la vida siempre ha sido bella en todos los tiempos"*.

PARTE I

RE-CONOCIENDO A LOS AZTECAS

Redescubriendo la Gran Tenochtitlan

En los primeros días de noviembre de 1519, cuando Hernán Cortés y sus soldados llegaron a lo que hoy se llama 'Paso de Cortés', a 3,600 metros de altura sobre el nivel del mar, en el collado que separa a los volcanes *Popocatepetl* e *Iztakcihuatl* (Cerro que humea y la mujer blanca) obtuvieron la más real, grandiosa, e inesperada de las visiones. Les fue dado contemplar la inmensidad de la naturaleza magnífica de un grandioso conjunto volcánico: La *Matlalcueitl* (Señora de la verde falda, hoy La Malinche), el *Citlaltepetl* (Monte de la Estrella, Pico de Orizaba, el más alto de México), el *Axoxco* (Floresta de agua, el Ajusco*)*, y allá, en la gran cuenca cerrada del *Valle del Anáhuac*: la *Gran Tenochtitlan,* junto con un rosario de ciudades y pueblos circundantes rodeados de cuerpos acuáticos, *"se descubría tierra de Méjico, y la laguna con sus pueblos alrededor, que es la mejor vista del mundo".*[2] La *Excan Tlahtoloyan* o Triple Alianza era una extensión territorial que se integraba por *Tenochtitlan, Tetzcoco* (Texcoco) *y Tlacopan* (Tacuba).

Este espectáculo urbano comprendía grandes edificios religiosos y políticos, relucientes lagos, inmensas y sorprendentes redes de calzadas y canales, con unas 60,000 trajineras y chalupas circulando por esos grandes lagos, transportando cantidades enormes de mercancía (hoy diríamos de tipo industrial), y sobre todo, con el sorprendente colorido de

---

[2] Francisco López de Gómara. *Historia General de las Indias, II. Conquista de Méjico*, Barcelona: Orbis, 1985, p. 101.

la naturaleza, las flores cultivadas, los edificios y sus reflejos en el agua. Al entrar en aquella megalópolis, verían estos hombres lo que fue la inaudita policromía, impregnada en los vestidos, trajes ceremoniales, joyas (esas mismas que dejaron pasmado a Durero, el más grande de los grabadores de Europa), mercados, puentes, plazas, en resumen, la vida habitual de los aztecas.

En esta primera visión, poco sabían los europeos que estaban frente a la entidad urbana más grande de ese continente, una que lo seguiría siendo hasta el siglo XVII, con unas 700,000 personas habitando las ciudades gemelas *Tenochtitlán y Tlatelolco,* más varios miles en el conjunto de ciudades que rodeaban la zona lacustre y el Valle del Anáhuac. Estaban frente a la capital de un imperio de más de 15 millones de habitantes, cuando el Reino de España con las recién integradas Castilla, Aragón, Granada, Navarra, y las Islas, tenían seis millones de habitantes, los mismos que tuvo ese territorio durante el Imperio Romano.

En esa época, las ciudades más grandes de Europa como Londres o París tenían alrededor de 50,000 habitantes, y Sevilla 45,000. Atrás había quedado Constantinopla, capital del Imperio Romano de Oriente, tras su destrucción por los turcos hacía tres cuartos de siglo. Perdida en la bruma de los tiempos, también estaba la memoria de la Roma Imperial reducida a ruinas, y a la que sólo el renacimiento iniciado en Florencia empezaba a dar nuevos brillos por su carácter de capital de la catolicidad. En aquel momento sólo Beijing era más grande que *México-Tenochtitlan.*

Para estos conquistadores todo fue motivo de sorpresa: la agricultura de chinampas (con sus 7 cosechas anuales), la organización política y administrativa, el comercio, con un mercado de Tlatelolco al que acudían más de 25,000 comerciantes, ¡imaginemos la cantidad de los marchantes! Todo ese conjunto maravilloso y armonioso los sorprendió, a ellos, que conocían las grandes ferias de Medina del Campo en Castilla, y que sabían de los grandes imperios de otros territorios.

La ciudad era llamada con distintos nombres, y aún no hay un conteo exacto de la toponimia, aunque frecuentemente era llamada *Tenochtitlan, México-Tenochtitlan,* o *la Gran Tenochtitlán*, esto último debido a que era el más notable centro urbano de toda su organización, y que a su vez consumaba la migración de los aztecas por encontrar su establecimiento para aquella nueva era que deseaban formar, reflejada en los avances espirituales, tecnológicos, científicos y artísticos de sus habitantes. En el siguiente cantar, se expresa el orgullo con el que se percibía esta capital.

> *Haciendo círculos de jade está tendida la ciudad, irradiando rayos de luz, cual pluma de quetzal, está aquí México: junto a ella son llevados en barcas los príncipes: sobre ellos se extiende una florida niebla.*
>
> *¡Es tu casa, Dador de la vida, reinas tú aquí: en Anáhuac se oyen tus cantos, sobre los hombres se extienden!* [3]

Por lo que sabemos, la periferia de la ciudad tenía bordes de tipo circular. Sin embargo, prevalecía una traza urbana ordenada, la orientación de los edificios y el diálogo que

---

[3] Un himno de cantares mexicanos. Miguel León-Portilla. *De Teotihuacán a los Aztecas. Antología de fuentes e interpretaciones históricas*, México D.F.: UNAM, 1995, p. 161.

mantenía con la naturaleza. La visual citadina consistía también en la cuenca rodeada por expresivas montañas, los cinco lagos que se reconciliaban en uno sólo en tiempos de lluvia verdaderamente hacían honor a su cosmovisión.

En el corazón del *altepetl* (organización política socio-territorial) se hallaba el *Huey Teocalli* (Templo Mayor), con dos edificaciones gemelas con una altura de más de 40 metros que remembraban a *Huitzilopochtli* y a *Tlaloc*. Enfrente se hallaba el templo circular de *Ehecatl-Quetzalcoatl*, consagrado al viento. Alrededor se erigían otras 78 edificaciones, plataformas, adoratorios, plazas y escalinatas, destacando la Casa de las Águilas (que marcaba el inicio y fin del tlatoani en turno), el *Huey Tzompantli*, el *Cuauhcalli*, los Templos de *Tezcatlipoca*, el Juego de la Pelota, y el *Calmecac* entre otros. En todo el conjunto se acentuaba su organización y planeación urbana, tradicionalmente atribuida a *Huitzilopochtli*, que había sido concebida desde la fundación de la ciudad.

La ciudad contaba con cuatro barrios o zonas principales, *campan* o *Huey calpulli* con relación al Templo Mayor: *Cuepopan* al noroeste, *Moyotlan* al suroeste, *Aztacualco* al noreste, y *Tcopan* o *Zoquiapan* al sureste. A su vez, cada uno de ellos contaba con barrios internos, *calpulli*, organizados en una compleja red social urbana, que incluía equipamiento, escuelas, mercados, templos, gobierno e infraestructura, lo que hoy diríamos instalaciones de drenaje y manejo de residuos. Además, *Tlatelolco* formaba una conexión urbana importante, puesto que albergaba el centro de comercio más grande, esta ciudad se ubicaba al norte, en un islote vecino.

Fig. 1. Extensión territorial azteca a inicios del siglo XVI

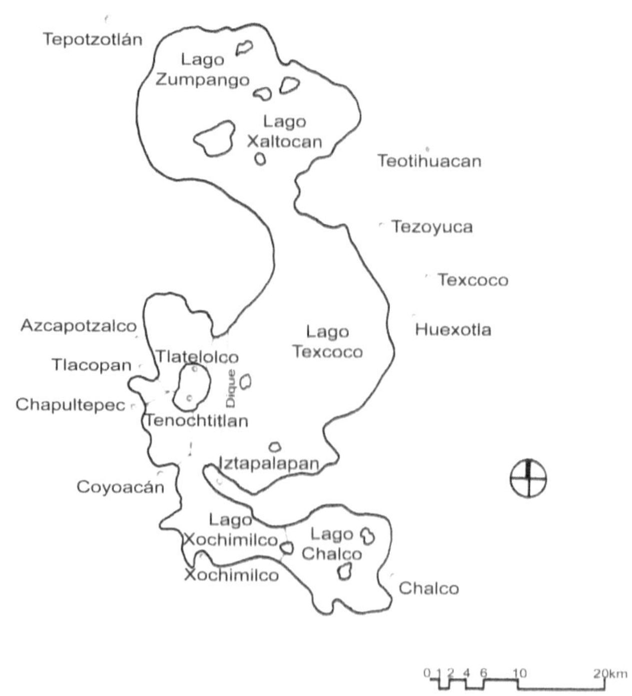

Fig. 2. Cuenca de México a inicios del siglo XVI

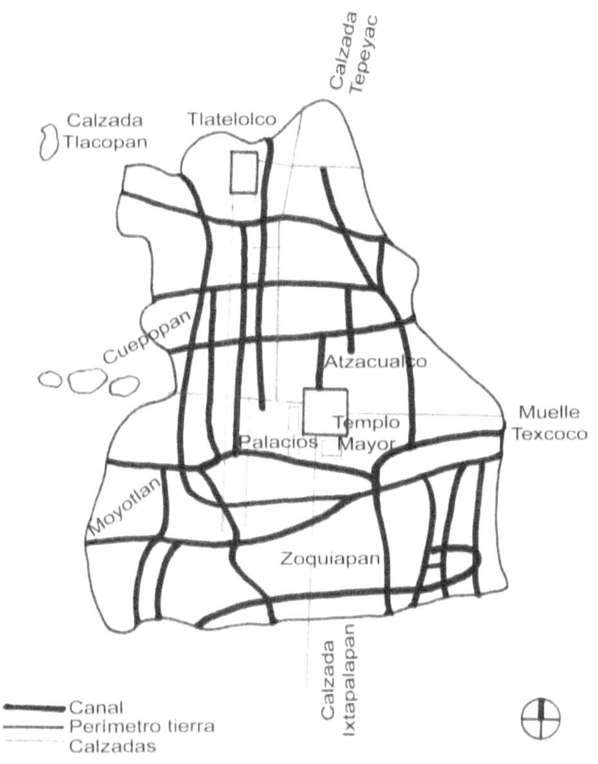

Fig. 3. Traza urbana de Tenochtitlan a inicios del siglo XVI

Las *tlaxilacalli* (barrios o zonas) y sus calles se barrían diariamente, al igual que las grandes calzadas que permitían el paso de miles de personas, estas últimas eran 3 principales: la del *Tepeyac* que comunicaba el norte, al poniente *Tlacopan*, y al sur se encontraba la última que se bifurcaba en la de *Ixtapalapan* y la de *Coyohuacan*. Al oriente se encontraba el embarcadero de *Texcoco*. Asimismo, existían otras calzadas que vinculaban el resto de la ciudad, por ejemplo, la de *Nonoalco* y la de *Tenayocan* en *Tlatelolco,* las de *Chapultepec, Mixiuhca,* y *Mexicaltzingo.* Por la noche se encendían las antorchas que iluminaban las vías principales.

Simultáneamente, dichas calzadas además de ser vialidades servían como diques, siendo el más grande de todos el que mandó a construir el rey poeta *Netzahualcóyotl* (1402-1472), con sus 16 km, hecho de piedra y madera, separaba las aguas saladas del Lago de Texcoco de las aguas dulces del conjunto lacustre; los españoles le llamaron "el gran albarradón". Las calzadas eran tan amplias que podían pasar 8 jinetes españoles con toda comodidad, más o menos unos 15 metros de ancho. El largo variaba dependiendo la distancia a cubrir, por ejemplo, la de Iztapalapa tenía unos 8 km. De esta manera, habría que imaginar una ciudad que ofrecía una comunicación por medio de calles, calzadas y canales, es decir vías terrestres y lacustres paralelamente.

> *Y desde que vimos tantas ciudades y villas pobladas en el agua, y en tierra firme otras grandes poblaciones, y aquella calzada tan derecha y por nivel cómo iba a México, nos quedamos admirados, y decíamos que parecía a las cosas de encantamiento que cuentan en el libro de Amadís, por las grandes torres y cués y edificios que tenían dentro del agua, y todos de calicanto y aun algunos de nuestros soldados decían que si aquello que veían si era entre sueños, y no es de maravillar que yo escriba aquí de esta manera, porque hay mucho que ponderar en ello, que no sé como lo cuente: ver cosas oídas, ni aun soñadas, como veíamos.*[4]

---

[4] Bernal Díaz del Castillo. *Historia verdadera de la conquista de la Nueva España, Tomo I,* México: Porrúa, 1944-2008, p. 260.

En cuanto al diseño de las calzadas, estaban elevadas del agua con pilotes de madera, hechas con piedra, unidas con argamasa de cal y arcilla. Algunas de ellas contaban con puentes levadizos para permitir el paso de las embarcaciones, dichas plataformas se elevaban también para proteger a la ciudad, y sumando a las torres de vigilancia que había en cada una, conformaban una buena barrera en caso de batallas.

Desde el Templo Mayor se alcanzaba a observar todo el conjunto. Al centro de la ciudad había edificios más ostentosos, de tipo ceremonial y gubernamental, conforme se desglosaba la ciudad se distinguía la réplica del modelo central, pero incorporando más zonas habitacionales. Las periferias no se encontraban en decadencia, todo lo contrario, eran prósperos suburbios costeros que se extendían en la laguna por el mismo sistema de chinampas, conservando la simetría y el orden. La importancia que tenía el *calmimilocatl* era la de vigilar que las construcciones no invadieran el espacio público y se mantuviera la proporción. Esto nos da una idea de la planeación urbana que tenían; a pesar del crecimiento poblacional, ellos se adaptaban a las nuevas necesidades.

Los acueductos y fuentes eran indispensables para toda la gente, sin importar su condición social. *Moctezuma Ilhuicamina* (1398-1469, o Moctezuma I) ya había mandado a mejorar las obras hidráulicas de acueductos y canales en *Chapultepec* en el año 1465; algunos de estos conductos eran cubiertos y otros a cielo abierto.

El saber y la recreación también eran un componente urbano importante. Había escuelas en cada barrio, al igual que monumentos, juegos de pelota y terrazas de distintas alturas y niveles, ya sean particulares o públicas. Igualmente, las zonas de cultivo, que no sólo se encontraban en las chinampas sino también dentro de las unidades habitacionales, optimizando los procesos agrícolas y de consumo, que hoy diríamos sustentables.

Siguiendo esa misma línea, los palacios donde les dieron hospedaje a los españoles, estaban rodeados de patios, huertos de árboles frutales y aromáticos, estanques que albergaban aves, jardines con rosales, y flores diversas. Los interiores ofrecían vistas a los patios, aunque había pocas ventanas al exterior enfocaban distintos puntos de la ciudad y a los cerros. De los muros irradiaban más colores a través de pinturas y decoraciones, todo con una limpieza impecable.

Asimismo, los manjares que probaron aquellos conquistadores fueron memorables, variedades de platillos, aves, plantas, frutos y guisados, suficientes para alimentar al ejército que tenía ya intenciones de librar una guerra al haber entablado anticipadamente tratos con los tlaxcaltecas. Esta gastronomía estaba meticulosamente cuidada con respecto a la temperatura, la lumbre se mantenía constante, con cortezas que desprendían un aroma agradable, pero no humo. Los habitantes de Tenochtitlán se lavaban las manos antes de comer, además ofrecían paños y jícaras para que los invitados pudieran asearse y comer a gusto. Se servía la comida en grandes manteles puestos en mesas bajas, platos y jarros hechos de barro con gran destreza, bebían cacao espumoso, refrescante para los días calurosos y acogedor para los días fríos.

Los ojos europeos quedaron igual de asombrados en cada detalle de la ciudad, en la arquitectura, casas, bibliotecas y plazas, ellos que sabían de las maravillas de los egipcios, de los griegos y de los avances del *quattrocento*, nunca habían visto algo similar.

> *Y de que vimos cosas tan admirables no sabíamos qué decir, o si era verdad lo que por delante parecía, que por una parte en tierra había grandes ciudades, y en la laguna otras muchas, y veíamoslo todo lleno de canoas, y en la calzada muchas (sic) puentes de trecho a trecho, y por delante la gran ciudad de México.* [5]

De todo ese esplendor citadino que quedó plasmado en diversas fuentes, muy poco se conservó en la conformación de lo que sería la capital de México. De ahí, la importancia e interés de los investigadores por querer conocer más de este pasado, ya que una ciudad es memoria de una cultura.

---

[5] *Ibíd.,* p. 262.

Su mundo, cultura y salud

La compilación de los frailes. La lengua y sociedad. La alimentación y el modelo de salud integral azteca.

Si queremos entender la naturaleza de esta cultura, solamente podremos hacerlo desde la perspectiva de la fe. A partir de ella giraba todo su mundo, su forma de vida, sus sentimientos, pensamientos y ética. También, derivada de ella y para un primer acercamiento, tendremos que recurrir a la percepción e información de los frailes y códices, y en un segundo momento, tendremos que recurrir a la información que el pensamiento mismo nos da, sometiéndolo todo a nuestra propia reflexión.

Algunos de los frailes que llegaron a estas tierras, simultáneamente eran hombres de fe y humanistas, no solamente se negaron a participar en la destrucción de códices (realizada por otros hombres de la iglesia como el obispo Zumárraga), sino que procuraron recopilar y conocer al máximo la cultura azteca. Uno de ellos, Fray Bernardino de Sahagún (1499 ca.-1590), con ayuda de sus muchos pupilos e informantes recapituló y escribió numerosos textos, varios de ellos primero en nahuatl y después en español. La más grande y magna de sus obras fue una que se componía de doce libros: *La Historia general de las cosas de la Nueva España,* también conocido como el *Códice Florentino*, texto que sufrió muchas persecuciones y que fue editado hasta el año de 1829, cuando México ya se había independizado y España no tenía intereses que defender en estas tierras.

En un inicio, muchos de estos libros fueron escritos en nahuatl, pues el primer proyecto europeo en materia lingüística fue que los nativos no aprendieran español, para que éste permaneciera como el idioma de la casta española dominante, y que todos los nativos de la Nueva España hablaran nahuatl como lengua única de comunicación. Sin embargo, hubo una retroalimentación lingüística, algunos nativos aprendieron español y viceversa, algunos frailes aprendieron nahuatl, y a su vez enseñaron todo su conocimiento clásico (grecolatino) a los hijos de lo que quedaba de la aristocracia mexica, y se sorprendieron del rápido e increíble aprendizaje de sus pupilos; finalmente el español fue la lengua de comunicación general.

Sabemos que el nahuatl escrito era simultáneamente una lengua pictográfica, con ideogramas y fonogramas, con múltiples combinaciones entre ellos. Los frailes lo calificaron como un idioma de pronunciación clara, *"suave y amorosa, y en sí muy señoril y de gran presunción, compendiosa y fácil y dócil"*,[6] es decir sutil. Decía Einstein que Dios no era complicado ni malicioso, pero eso sí muy sutil. Si la sutileza es una de las características de Dios, entonces, esa es una lengua que bien podemos calificar de divina sin faltar en un punto a la verdad, después de todo, *"¿por qué Dios no podría hablar el Azteca?"*.[7]

Mucha información de la sociedad azteca fue aportada por los frailes que no participaron en la destrucción cultural, que vislumbraron por qué estos mexica estuvieran dispuestos a

---

[6] Muñoz Camargo, p. 25. *Apud* Jacques Soustelle. *La vida cotidiana de los aztecas en vísperas de la conquista,* Carlos Villegas (trad.), Ciudad de México: FCE, 1970, 2014 (ed.), p. 232.

[7] Jacques Soustelle. *El universo de los aztecas*, J.J. Martínez y J.J. Utrilla (trad.), Ciudad de México: FCE, 2012, p. 7. Aquí el autor cuestiona la hostilidad que se tenía hacia la cultura azteca por parte de algunos europeos, formulando esta pregunta.

sacrificarse por una fe profunda hasta el extremo de ofrecer su vida a Dios mismo.

Ángel María Garibay (1892-1967) expresaba que todos los sonidos del nahuatl son de una pronunciación fácil, usando palabras llanas o graves porque la penúltima sílaba es tónica,[8] pero también es dulce y clara, siendo esta última una necesidad de la lengua en el sentido estético, además de que el nahuatl permite la comprensión abstracta del pensamiento y su gozo.

> *Con alfabeto o sin él, la lengua náhuatl tiene dotes que la capacitan para la expresión dicha… Y entre las lenguas, pocas llegan al ápice de la claridad del náhuatl. Cuanto hay que decir en el más abstracto de los dominios puede decirse en esta lengua. Si históricamente no se halla la elucubración de un Hegel o un Aristóteles, Aristóteles y Hegel pueden ponerse en náhuatl sin que el pensamiento pierda un solo matiz.* [9]

Si bien el nahuatl maneja palabras largas y uniones de otras como el alemán, es justo ésta la característica que provoca esos matices, multiplicidades, reflexiones, expresiones

---

[8] La Academia Mexicana de la Lengua insiste en que "las palabras provenientes de lenguas indígenas se tienen que someter a las reglas de acentuación comunes del español". Véase:
https://www.academia.org.mx/espin/respuestas/item/tenochtitlan-o-tenochtitlan
Sin embargo, no siempre se ponen acentos, ya que un texto simple estaría atiborrado de ellos, que tampoco es coherente visualmente. Asimismo, existe un problema entre los españoles que "interpretaron la vocal larga en nahuatl como vocal de la sílaba prominente". Véase Una Canger. "¿Por qué los topónimos México y Chapultepec tienen acento en la primera y en la última sílaba?". *Estudios de cultura náhuatl (online)*, vol. 56, 2018, pp. 87-95.
Tampoco estamos de acuerdo con el "sometimiento" de una lengua, y mucho menos de "indígena", ya que muchos pueblos originarios no suelen identificarse con estos dos conceptos.
[9] Ángel María Garibay K. *Historia de la literatura náhuatl, primera parte,* Ciudad de México: Porrúa, 1953, 1971, p. 17.

imaginativas y sugestivas, y metáforas que no son exclusivas de la poesía sino también de la más llana prosa. El autor concibe el término difrasismo, "que consiste en aparear dos metáforas, que juntas dan el simbólico medio de expresar un solo pensamiento".[10] Por ejemplo:

In machiotl in octacatl: La muestra y la barra de medir = Ley o norma de acción.

In ehécatl in chichinaztli: El viento y el ardor = Deleites sensuales. [11]

El nahuatl permite un habla mediante la conexión mental y del corazón, que muchas veces deriva en un lenguaje poético aunque se encuentre en un contexto cotidiano, en éste se puede expresar toda clase de sentimientos y pensamientos abstractos, *"dio el fruto suficiente para colocarla entre las lenguas que jamás deberían morir"*. [12]

La constante analogía de las personas y los corazones con las flores, las aves, el arte, denotan una contemplación con la naturaleza, el regocijo y el amor a la vida. Así se manifestaba un poeta de Chalco, que expresó que las flores pueden deleitar a guerreros y niños, *"en el admirar de las flores que llevan en las manos, así la poesía: nace del alma y se esparce por el mundo"*.[13]

---

[10] *Ibíd.*, p. 19.
[11] *Loc. cit.*
[12] *Ibíd.*, p. 20.
[13] *Ibíd.*, p. 174.

Brotan las flores, están frescas, se van perfeccionando

Abren las corolas:

¡de tu interior salen las flores del canto:

sobre los hombres las derramas, las esparces:

¡tú eres cantor!

Gozad, amigos míos,

Sea el baile, entre las flores está mi canto:

yo soy cantor. [14]

La gracia, la inocencia, el ingenio y el sentido del humor también se reflejaba en el resto de los componentes de su lengua. Sabemos que tenían representaciones teatrales, en las cuales había géneros como la comedia, ya que la risa era un rasgo característico que fomentaba su sociedad. Este humor se ha conservado en sus expresiones como refranes, adagios y adivinanzas, algunas de las cuales reproducimos aquí a través del *Libro VI del Códice Florentino y* con nuestra interpretación,[15] ya que han sobrevivido a la actualidad y forman parte del uso coloquial y del folclor mexicano:

- *La gota cava la piedra.* Nos habla de la perseverancia, incluso ante las situaciones difíciles.

- *Hablar con rodeos.* Cuando no se quiere decir algo, o se ocultan las ideas principales en una conversación.

- *A nadie menosprecies por vil que parezca.* Que cualquier persona tiene alguna habilidad o virtud, todos somos dignos en esta vida.

---

[14] *Loc. cit.*

[15] Las frases están copiadas literalmente y se encuentran marcadas en cursiva. La interpretación que ponemos tiene su base en Sahagún, pero también es complementada con la nuestra.

- *¿Con qué cara me miras?* Quien perjudicó a una persona o lo intentó, y se atreve a dirigirse al afectado como si nada hubiese pasado, o aun sabiendo lo que hizo.

- *Todo lo sabe.* Como se conoce actualmente un 'sabelotodo'. Una persona que presume de sabiduría o es pedante.

- *Al buen entendedor pocas palabras.* Cuando una persona hábil entiende sin necesidad de una explicación detallada.

- *Aún quiere Dios que viva más.* Quien escapó de algún peligro de muerte y tiene una segunda oportunidad.

- *Todos tienen los ojos puestos en ti.* La presión colectiva que deposita sus expectativas en alguien.

- *Tiene la viga en el ojo y no la ve.* Una persona que tiene la solución enfrente pero no la ve, o bien no la quiere ver, sea por autoengaño o necedad. Muy similar a la frase actual "estás viendo y no ves".

- *El lobo o zorro no trae consigo el fuego para cocer o asar lo que ha de comer.* Sahagún dice de quienes satisfacen su hambre inmediata por no esperar a que esté bien cocida. Sin embargo, nosotros creemos que también aplica para resolver una situación de la cual no se había preparado.

- *Es resbaloso el mundo / el mundo es resbaladizo.* Cuando se tienen cosas buenas de la vida y después se pierden, la impermanencia de esta vida.

- *¿En qué cosa entramos por tres partes y salimos por una?* En la camisa.

- *¿Qué está sobre las piedras, es redondo y está cantando?* La olla donde se cuece el maíz.
- *¿Qué es lo que está levantando la puerta y está encorvada la punta?* La cola del perro.
- *¿Bailan los barrigudos y pantorrilludos?* Es el huso
- *¿Qué es lo que va por un valle y va dando palmadas con las manos como la mujer que hace pan?* La mariposa
- *¿Qué está en el camino y está mordiendo?* Es la piedra con la que tropezamos en el camino.
- *¿Qué es: Ya sale, toma tu piedra?* La diarrea
- *¿Qué está en el camino asentada, de hechura de tintero?* Los deshechos del perro.

Es muy interesante notar el humor, el lenguaje coloquial, los mexicanismos que siguen tan vigentes en la cultura mexicana contemporánea. Por fortuna, el nahuatl no se perdió del todo en el tiempo, ha conservado su esencia y si bien ha mutado como todas las lenguas, en la segunda década de siglo XXI hay cerca de 1.6 millones de hablantes, conservando muchas de sus palabras que son sencillamente maravillosas. Por ejemplo, para decir "te extraño" se dice *mitztemoa noyollo* (mi corazón te busca), abrazo cariñoso es *apapacho* (acariciar con el alma, de apretar *papatzoa*). Igualmente, existen palabras que describen acciones cotidianas, *choquizotlahua* (sentirse fatigado por llorar o estar triste), *mamati* (sentir vergüenza ajena), *chicahuacatlazotla* (amar apasionadamente), *moyoleuhqui* (estar enamorado o automotivarse).[16]

---

[16] Marc Thouvenot. *Diccionario náhuatl-español basado en los diccionarios de Alonso de Molina con el náhuatl normalizado y el español modernizado*, Javier Manríquez (col.), México: UNAM, 2014, consultado el 15 de julio de 2020.

La sociedad mexica tenía varios juegos y recreaciones descritas en el *Libro XVIII del Códice Florentino*. El más conocido es el *tlachtli* (juego de la pelota), que había en toda Mesoamérica, teniendo un sentido ritual y político, lo utilizaban para resolver conflictos que podían o no derivar en el sacrificio, pero sí de una resolución al problema a tratar, los cuales eran de tipo comercial, tenencia de tierras, tributos, malentendidos, etc. Los jugadores debían mantener la pelota en movimiento, sumando puntuaciones si se atinaban en los aros de piedra a los costados de la cancha, principalmente usaban la cadera, codos y rodillas. La pelota era de *ulli* (hule), había de muchos tamaños y pesos, incluso de más de 4k. Esta actividad también era considerada como deporte en su versión informal, cualquier persona podía jugar, incluyendo niños y mujeres. Una versión derivada de este juego mesoamericano aún existe con el nombre de *ullamaliztli* o *ullama* en algunas regiones de México.

Otro juego digno de mencionar es el *patolli*, lo que diríamos hoy un juego de mesa. Aunque no se sabe con total exactitud cómo se jugaba en aquella época, sí han sobrevivido las reglas básicas esenciales, se hacía en un *petatl* (petate), se trazaba una cruz con 52 casillas y 4 principales al centro, los jugadores avanzaban por las mismas a través de fichas que eran piedras rojas y azules, los dados eran cuatro frijoles con un orificio, podían ganar o perder piedras preciosas, turquesas, cuentas de oro, tierras y negociaciones. Además era concebido como un juego oracular, es decir, adivinatorio para el destino de los jugadores, de ahí la vinculación con las 52 casillas.

---

https://www.historicas.unam.mx/publicaciones/publicadigital/libros/diccionario/nahuatl.html

Otras recreaciones se daban jugando a las adivinanzas y acertijos, pero también con palos y otros objetos que podían tener un uso lúdico. Se entretenían con la crianza de animales y el cultivo de la jardinería, plantaban árboles y flores.

En lo que respecta a la sociedad mexica había niveles claramente marcados. Básicamente se integraba por los gobernantes, los *pipiltin* o nobles, los *pochteca* o comerciantes, y los *macehualtin* o pueblo llano. No obstante, el espíritu general de toda esta sociedad era el de una meritocracia y así se obtenían los mandos, jerarquías, puestos administrativos, o de cualquier otra función. En el caso de los dirigentes se explicará más a fondo en el capítulo 4, y de los *Huey Tlatoque* en el capítulo 15 de este libro.

Los *pipiltin* no estaban exentos de la educación ni de los deberes. Así cuando ingresaban al *calmecac,* eran tratados de la misma manera, debían barrer, acarrear recursos, cultivar la tierra, participar en la construcción de obras públicas, así como aprender a ser líderes si se prestaban sus habilidades, aunque también estaba la opción de ser funcionarios, administrativos, el sacerdocio y puestos militares. Quizá por el hecho de nacer con privilegios la exigencia para ellos era notoria, *"la persona de noble linaje es de nobles entrañas, de real condición y de honesta vida, humilde, avisado, recatado; amado de todos, pacífico, hombre cabal, sosegado, de buena y limpia vida, sabio y prudente".*[17]

Respecto a la clase comerciante o *pochteca*, eran personas de gran riqueza, no renunciaban a entrar a la aristocracia. El líder de los gremios de los mercaderes se hacía

---

[17] Bernardino de Sahagún. *Historia general de las cosas de Nueva España*, Ángel María Garibay (anotaciones), México: Porrúa, 2016, p. 533.

llamar *pochtecatlailotlac* o *acxotecatl*, el cual tiene la obligación de velar por ellos, es *"amparo de los pobres, a los cuales socorre y favorece como padre, en sus necesidades; todos le tienen reverencia y obediencia"*. [18] Además, los *pochteca* tenían sus propios jueces, y con los *pochtecatlailotlac* se encargaban de castigar a quienes cometían ilegalidades.

Entre los mercaderes había muchos de todo tipo y funciones, sólo por mencionar algunos, había tratantes, lapidarios, plateros, rescatadores de metales (quien pesa y asigna valor), oficiales de plumas; vendedores de indumentaria, mantas, algodón, telas, costuras, pigmentos, papel; de productos varios como alfarería, cestería, escobas, jícaras, engrudo, resinas, velas, bolsas, espejos de obsidiana; alimentos como semillas, cereales, harinas, miel, cacao, tabaco, frutas, animales, plantas comestibles; alimentos preparados, tortillas, tamales, atole, pulque y guisados; plantas medicinales, inciensos, ungüentos, tés y otras bebidas terapéuticas. Basta con ver los tianguis y mercados del México actual para darse una idea de la diversidad de productos, colores, sabores y experiencias que de alguna manera emulan la tradición de las actividades mercantiles de los pueblos mesoamericanos.

Los comerciantes no sólo eran mercaderes, sino también exploradores, espías, y las relaciones exteriores. Tenían un papel muy importante en la expansión territorial, y la incorporación de nuevos pueblos a ese conjunto cultural y económico. Casi siempre que había una guerra, el *casus belli* original era una cuestión comercial, como cuando un grupo de mujeres que fueron impedidas de vender su mercancía en

---

[18] *Ibíd.*, p. 547.

Coyohuacan, o cuando una caravana de comerciantes fue atacada en el *Istmo de Tehuantepec*.

Múltiples y diferentes relaciones se establecían con las poblaciones aledañas, pero el común denominador en el plano estrictamente material fue el comercio. En lo económico los mexica establecieron un área comercial, que no era propiamente la del libre comercio, pero que se le parecía mucho al tener un sistema de acuerdos entre gobierno central, privados y consumidores, así como rangos entre el trueque y el alza.

Complementariamente, los *macehualtin*, tenían oficios diversos. La mayoría los asocia con labores agrarias y a la crianza de animales, pero también había zapateros, leñadores, olleros, pescadores, personas que ejercían oficios de todos los productos que vendían los *pochteca*, e igualmente había verdaderos artistas como músicos, cantores, poetas, danzantes, escribanos, arquitectos, escultores, actores; artesanos como orfebres, alfareros, tejedores, canteros, carpinteros, albañiles; maestros, médicos, astrónomos, sabios, etc.

Además, algo importante es que muchas de estas actividades y oficios también aplicaban para su sociedad femenina. La manera para ascender en la jerarquía social azteca era a través de la meritocracia, sin importar la clase social. Es por esto por lo que un guerrero podía haber sido *macehualli* pero continuar con actividades militares, comerciales, sacerdotales, administrativas, etc., para así seguir ascendiendo en su proyecto de vida.

Asimismo, estas clases sociales no eran vistas como una casta permanente a diferencia de otras culturas del mundo, los nobles no eran concebidos como una raza superior e intocable, incluso llegaban a contraer matrimonio con otras clases y tribus, aún después del siglo XVI; quizá el mestizaje fue más aceptado de lo que se sabe.

> *Los matrimonios entre los macehuales hayan producido un mestizaje entre las diversas etnias y los límites entre ellas ya no fueran tan precisos… el nuevo sistema implantado por los mexicas definió aún más relaciones de clase entre macehuales y pillis; generalizó y fortaleció el sistema señorial.* [19]

Los artesanos que eran excelentes se llamaban a sí mismos *tolteca*,[20] pues estimaban que eran herederos de la grandeza artística y artesanal de esa gran cultura que había precedido a las diferentes culturas *chichimecas,* término que se traduce como "bárbaros", y que por cierto tiene una idéntica etimología y significado con el equivalente griego. Así como los bárbaros eran los nómadas del norte de Europa que hablaban "bar-bar", los chichimecas eran los nómadas del norte de México que hablaban "chim-chim". En realidad, esos mexica venidos del Norte eran todo menos bárbaros, como lo demuestra el sitio arqueológico de la *Quemada* en *Zacatecas*, aunque así lo percibieran algunas de las culturas sedentarias del valle.

En cuanto a la agricultura, la productividad era altísima, y su alimentación mucho más equilibrada que la del promedio de los actuales mexicanos, aun cuando muchos productos como

---

[19] Mercedes Olivera. *Feminismo popular y revolución. Entre la militancia y la antropología*, Montserrat Bosch Heras (ed.) Buenos Aires: CLACSO, 2019, p. 141, consultado el 22 de agosto de 2020, disponible en: http://biblioteca.clacso.edu.ar/clacso/se/20191205112859/Mercedes-Olivera-Antologia-Esencial.pdf

[20] *Ídem. La vida cotidiana… op. cit.,* p. 72.

el pulque eran consumidos por las clases altas, todos los habitantes disponían de los nutrimentos necesarios para contar con una salud impecable. Contaban con una diversidad de alimentos de origen vegetal y animal, dentro de los que destacan el maíz, amaranto, chía, frijol, alga espirulina (*tecuitlatl*), chile, jitomate, calabaza, tubérculos, gran cantidad de aves comestibles, insectos, peces, conejos entre muchas otras especies de origen animal.

El mundo está agradecido con México por aportar el maíz, el tomate, el cacao, la chirimoya, la yuca, el aguacate, las papas, y las variantes de estos alimentos, sin hablar de otros muchos que no se han incorporado o recientemente se toman en cuenta a la dieta de la humanidad, que son de un gran valor alimenticio y catalogados como "superalimentos", como el *huauhtli* (amaranto) y la *chía* sin ir más lejos.

Otro dato importante, es que los habitantes del nuevo continente conocieron el trigo enano y el arroz mucho antes de la llegada de los conquistadores. La introducción del trigo a América está rodeada de huecos de información, por una parte los europeos se referían despectivamente al maíz como el 'trigo americano o de las indias', ya que inicialmente no creían en su valor alimenticio, pero después decidieron adoptarlo al darse cuenta de sus nutrimentos. Hay muchas historias que rodean el tema, López de Gómara atribuyó a Juan Garrido (1480-1550) como el primer agricultor que sembró trigo en suelo americano, *"sembró en un huerto tres granos de trigo que halló en un saco de arroz; nacieron los dos, y uno de ellos tuvo ciento y ochenta grano".*[21] Otros autores piensan que el trigo fue introducido por los frailes para sus ceremonias de trigo sacramentales, como Fray Jodoco Ricke (1498-1575) a quien se le atribuye ser el primero en sembrar trigo en Sudamérica. [22]

Sin embargo, hay evidencia de la existencia de estas plantas nativas. La variante del maíz *Zea mexicana* tiene una antigüedad de más de 7,000 años, igualmente el arroz silvestre (*Zizania palustris*), el *Indian Rice Gras* (*Achnatherum hymenoides*) y el trigo sarraceno, ya eran empleados por las tribus nahuas y americanas del norte; [23] por cierto, con los dos últimos se hacía pan.

Mediante el sistema de chinampas, la agricultura azteca ofrecía hasta 7 cosechas al año, todo esto gracias a que esta civilización se encontraba en comunión con la naturaleza de tal forma que no era necesario depender del ciclo de lluvias para su cultivo. Asimismo, las chinampas se concebían como sistemas complementarios y no como monocultivos; simultáneamente se sembraba maíz, frijol, calabaza, chile y quelites, aportando los nutrimentos necesarios para el suelo, que tiene uno y que necesita otro. Este sistema sigue vigente en diversas partes de México, como en la zona de *Xochimilco*.

Cabe destacar que este sistema de cultivo repercutía de manera muy positiva en la alimentación equilibrada. Por ejemplo, al consumirse la tortilla de maíz junto con el frijol, se

---

[21] Francisco López de Gómara. *Historia General de las Indias, II. Conquista de Méjico*, Barcelona: Orbis, 1985, p. 335.
[22] José Mercé Gandía y José Gallegos Arias. *San Francisco: una historia para el futuro*, Quito: INPC, AECID, 2011, p. 318, consultado el 22 de julio de 2021, disponible en: https://issuu.com/inpc/docs/snfcolibrofinal
[23] United States Department of Agriculture USDA. *Cereal, Grasses, and Grains,* consultado el 21 de agosto de 2021, disponible en: https://www.fs.fed.us/wildflowers/ethnobotany/food/grains.shtml

complementan las proteínas de ambos alimentos, lo que resulta en un aumento de la calidad nutricional de los mismos. Este es uno de los numerosos ejemplos de lo que denominamos en la actualidad «sabiduría cultural». Los aztecas conocían las propiedades nutricionales de su alimento base, que era el maíz, que junto con los demás que se han mencionado conformaban una alimentación sana. Sin embargo, las campañas de desprestigio en el período colonial englobaron la alimentación nahua como 'comida de pobres', lo cual es erróneo, ya que las ideas preconcebidas occidentalizadas de la época no fueron pertinentes para entender la idiosincrasia y sabiduría mesoamericana. [24]

Existía no sólo una alimentación sana, sino también una gastronomía con una variedad de alimentos y platillos. Podemos resaltar la gran variedad de tamales *(tenextamalli, xocotamalli, miauatamalli, yacacoltamalli, necutamalli), tlaoyo* (tlacoyos, *exococolotlaoyo*), tacos, *atolli* (atole, *nequatolli, chilnequatolli, quauhnexatolli*), y cacaos (*uenicacaztli, tlilxóchitl*). Realmente había guisos tan elaborados que eran dignos de llamarse arte culinario, sopas, ensaladas, huitlacoche, mixiote, *topotli, mulli, chillmolli,* todo ello cocinado sin aceite. Aunque los procedimientos han cambiado, se han introducido otros ingredientes y la gastronomía se ha mezclado entre los estados del país. En el año 2010 la Cocina Tradicional Mexicana fue declarada Patrimonio Cultural Inmaterial de la Humanidad, por parte de la Organización de la Naciones Unidas para la

---

[24] Teresa Ochoa Rivera. *Salud, Alimentación y Gordura en una Comunidad de origen Mesoamericano en México*, México: Universidad Iberoamericana, 2017, p. 42.

Educación, la Ciencia y la Cultura (UNESCO), y desde 1987 también Xochimilco es Patrimonio de Cultural de la Humanidad, al resaltar la importancia del sistema lacustre, las chinampas y canales como una adecuada integración con la naturaleza.

Las bases de la buena alimentación mundial tienen su fundamento principal en los pueblos de América. Manuel Lucena Salmoral describe así la situación de la agricultura en las Indias.

> *Iberoamérica reunió en su territorio toda la experiencia humana en la domesticación de plantas alimenticias e industriales: las autóctonas y las procedentes del mundo euroasiático-africano. Las culturas del trigo, del arroz y del maíz se encontraron en suelo americano y caminaron juntas desde entonces, para beneficio de toda la humanidad.* [25]

En el 2016 se declaró como el Año Internacional de las Legumbres (AIL), para promover y sensibilizar las ventajas nutricionales, la diversidad, conservación, producción, consumo, comercialización, sostenibilidad, mejoramiento de la seguridad alimentaria y su biodiversidad genética para el mundo entero. En ésta se reconoce la gran aportación alimentaria del continente americano.

> *El AIL ha sido el marco ideal para visibilizar y revalorizar la gran diversidad de legumbres que tiene América Latina y el Caribe (ALC), además del*

---

[25] *Apud* Andrés Yurjevic Marshall. *Miradas, Voces e Imágenes Latinoamericanas*, Jalisco: Universidad del Valle de Atemajac UNIVA - México Centro Latinoamericano de Desarrollo Sustentable CLADES - Santiago de Chile, 2016, p. 113.

patrimonio genético que representan. Estos alimentos forman parte importante de la dieta de la región desde civilizaciones tan antiguas como la Azteca, Maya e Inca.[26]

Como se ha visto, la alimentación azteca respondía a una preocupación importante para el cuidado del cuerpo, ya que la salud tenía un enfoque holístico. Con sus altos conocimientos en salud destacaban lo que hoy denominamos medicina, quiropraxia, psicología y botánica. Tenían médicos especialistas en curaciones profundas, por ejemplo usaban piezas de ocote con miel (antiséptico natural) a manera de clavos quirúrgicos, también tenían terapeutas para curar luxaciones, esguinces, torceduras, dolores en articulaciones, y especialistas en interpretación de los sueños para la higiene mental. Poseían una gran catalogación de plantas medicinales que derivaron en la herbolaria mexicana, segunda en importancia a nivel mundial (después de China), que es un patrimonio cultural de la nación y que debería estar catalogada como Patrimonio Cultural de la Humanidad.

Además de una buena alimentación, creían en la higiene corporal. Los mexica se bañaban todos los días, hábito que se implantaba desde casa y se reforzaba en las escuelas. Usaban jabones naturales el *copalxolotl* y la saponaria. También el baño tenía un uso ritual, siendo el temazcal el más importante de ellos.

Su sistema de salud se basaba en tres prácticas esenciales totalmente interrelacionadas y complementarias: el

---

[26] FAO. *Legumbres. Pequeñas semillas, grandes soluciones*, Ciudad de Panamá, 2018, p. VI, consultado el 20 de agosto de 2021, disponible en: http://www.fao.org/3/CA2597ES/ca2597es.pdf

nezahualiztli (ayuno), el *temazcalli* (casa de vapor) y la *macehualiztli* (danza); siendo que cada uno de ellos tenía un particular enfoque, involucrando todas las esferas que componen al Ser: físico, mental-emocional, y espiritual.

El ayuno a manera de comunión, celebración, fortalecimiento del cuerpo e incluso como preparación para un momento importante, como cuando contraían matrimonio, ingresaban a la escuela, aceptaban algún cargo o función, y dese luego en el momento del sacrificio. El ayuno era purificación, un momento para el desarrollo consciente de comunión con el Señor del Firmamento, además de que su práctica brinda grandes beneficios de purificación natural de las toxinas que puede albergar el cuerpo y mejorar sus defensas. Hoy día sabemos que el ayuno supervisado ayuda a la disminución de padecimientos cardiovasculares, hipertensión, diabetes, cáncer y otras enfermedades, mejora las conexiones neuronales y sensoriales, además de retardar el envejecimiento y disminuir el peso corporal. [27]

La segunda práctica esencial que tenían era el *temazcal,* que igualmente depura todos los sistemas, principalmente el respiratorio, digestivo y reproductivo, ayuda a sanar los problemas óseos y musculares, tonifica la piel, es una manera de consentir y fortalecer el cuerpo humano. A través de las esencias de las plantas y piedras es posible tener una experiencia extremadamente relajadora, por lo que reduce el

---

[27] Véase Israel Ugalde y Teresa Rivera Ochoa. *El ayuno azteca: la sabiduría para reiniciar tu cuerpo*, María Teresa Berumen y Karla M. Pinal (ed.), 2021. En esta investigación los autores explican los beneficios del ayuno basado en la tradición azteca y sus repercusiones científicas, ofreciendo el modelo de salud que en esta investigación se menciona.

estrés. Naturalmente, ellos introducían la introspección y el dialogo con su Creador a través de la oración y la reflexión.

La tercera práctica era la danza, que era la manera como ellos simultáneamente oraban y fortalecían su cuerpo, a este tipo de danza se le conocía como *macehualiztli* (merecimiento, comparte la raíz de macehualli), aunque había de muchos géneros y estilos, las danzas populares *netotiliztli* (danza popular), la *neaanaliztli* donde se toman de las manos, *nenahualiztli* donde se abrazan del cuello,[28] solo por mencionar algunas de las que sabemos. La danza azteca, a diferencia de otras del mundo, es una donde el cuerpo queda suspendido en el aire y el peso es repartido a través de toda la planta del pie, lo cual involucra mucha fuerza cuando se mantiene la postura. La práctica de danza también tiene grandes beneficios: el control de la respiración, fortalecer la condición física, la tonificación del cuerpo y como ejercicio aeróbico. Tenían danzas para toda ocasión, a través de pedimentos, agradecimiento y oración por buenas cosechas, por la lluvia, la sanación de los enfermos, el bienestar colectivo, y desde luego, la danza concebida como la oración perfecta para el Dador de Vida. Es a través de la danza que ellos tenían el dialogo físico, mental, emocional y espiritual con Dios, había celebraciones en donde la danza se prolongaba por días enteros. A través de la música, la libertad y el juego aprendían a danzar desde que eran infantes.

Como se observa, el modelo de salud integral azteca es fruto de una evolución cultural, que se interconecta con su pensamiento espiritual, mental, anímico, y físico, siendo el bienestar el puente que los vincula.

---

[28] Marc Thouvenot, *op. cit.*

In qualli yectli o lo bueno, la ética

Organización gubernamental y su concepto de justicia. La educación y sus escuelas. Los Huehuehtlatolli o dichos de los antiguos.

Es interesante notar los conceptos de hacer el bien y justicia que había en los pueblos antiguos del continente americano. La importancia de sus ritos, del poder de la palabra para declarar algún hecho, de cómo elegían a sus representantes, realizaban juicios con partes acusadas y defensoras, presentaban hechos y pruebas, de sus formas para hacer tratados y alianza, de sus ceremonias de paz como la llamada 'pipa de la paz', misma que encontramos desde los mapuches en extremo sur del continente hasta los pueblos de Norteamérica; ésta interesó a los extranjeros por el tabaco que llevaron a Europa más que por su simbolismo. Sin embargo, también se cuentan las ofrendas de paz, regalos de todo tipo para llegar a pactos, y las confederaciones, de las cuales se hablará en el capítulo 14 de este libro.

En el caso de los aztecas, dejaron claro a través de su cosmovisión y poesía que ni este mundo ni esta vida son perfectos, no existe tal cosa en el *Tlalticpac* (la región horizontal en la que vivimos), pues el mundo de los humanos no es perfecto. Sin embargo, vale la pena disfrutar la existencia sin desear a la auténtica perfección, por lo que ellos aspiraban a la excelencia, misma que intentaban lograr a través de la meritocracia. Afortunadamente, tenían la costumbre de llevar registro de todo, no sólo acciones y costumbres de tipo ceremonial, también las de tipo educativo, artístico, legal, sus maneras de abordar la justicia y de quiénes la integraban.

Con la información que se tiene de los aztecas, es suficiente para observar su decida acción por hacer el bien, es decir, *in qualli yectli* o lo bueno. [29] Para fines prácticos hemos relacionado este difrasismo con el concepto ética, misma que se basaba en una alta disciplina, una que se inclinaba en lo posible al bien común.

Su organización política era vasta. En un rango local, cada jefe de una aldea era designado como *tecuhtli*, palabra que ya se mencionó en el capítulo anterior. A esta función los españoles le llamaron *cacique*, término que habían interpretado de las Antillas y que extendieron en toda América para designar a los lideres de los pueblos de América sin consideración de su contexto. El cacique de los españoles tenía la figura de un jefe abusador que ejercía un poder excesivo, significado que aún persiste en la corrupción del estado mexicano. Sin embargo, el *tecuhtli* se concebía como un dignatario y dirigente de alto rango de los sectores militar, judicial o administrativo, también se les llamaba así a los funcionarios dirigentes, *"en las provincias, a los jefes de barrio de la capital, a los jueces que, en las grandes ciudades, resuelven los procesos más importantes".* [30]

De hecho, también concebían al *Tlatoani* como un *Tecuhtli*. Si se observa que el término también aparece en altas jerarquías de su devoción, como *Yacatecuhtli*, patrono del

---

[29] Mercedes Montes De Oca Vega. *Los difrasismos en el náhuatl de los siglos XVI y XVII*, Ciudad de México, UNAM, Instituto de Investigaciones Filológicas, 2013, p. 488.

[30] Jacques Soustelle. *La vida cotidiana de los aztecas en vísperas de la conquista*, Carlos Villegas (trad.), Ciudad de México: FCE, 1970, 2014 (ed.), p. 53.

comercio, los viajeros y los caminos; *Nappatecuhtli*, señor de las juncias y del arte de las esteras; *Xiuhtecuhtli*, señor de la turquesa y los años, asociado a *Ixcozauhqui, Cuezaltzin* y *Huehueteotl;* [31] pero también en representaciones con rasgos femeninos como *Tlaltecuhtli.*

Las funciones y representación de un *tecuhtli* eran varias, siendo la principal responder a la gente que tiene a su cargo y protección. En lo administrativo, defenderla en caso de ataques, abusos, impuestos excesivos, usurpación de tierras y pago del tributo a la administración central a través de los *calpixque.* En el aspecto legal, se le presentaban litigios, controversias y apelaciones que debían resolverse en la capital. En lo militar, tenían el deber de conducir a los escuadrones al campo de batalla.[32]

La elección del *tecuhtli* era por designación de parentesco la mayoría de las veces, pero también se podía delegar a otra persona ajena a su familia, pero siempre pasaba por la ratificación del *Huey Tlatoani*, como cualquier cargo importante que conectaba a la administración central. Así elegían a quien tuviera mejores habilidades, honradez y sabiduría.

En el caso del gobierno central de México-Tenochtitlán, la ciudad tenía cuatro *campan* o *huey calpulli*, y en cada uno había cinco *calpulli*, veinte en total. El sentido original de estos era más como un clan, la unidad básica de su organización, en plena evolución hacia el barrio puro y simple.

---

[31] Bernardino de Sahagún. *Historia general de las cosas de Nueva España*, Ángel María Garibay (anotaciones), México: Porrúa, 2016, p. 37.
[32] Jacques Soustelle, *op. cit.*, p. 55.

Cada *calpulli* era administrado por un *calpullec*, electo por los mismos habitantes, además de contar con un consejo de ancianos llamado *huehuetque*, de esta manera las decisiones locales se tomaban en consenso. Las funciones del *calpullec* eran muy parecidas al *tecuhtli* de las aldeas; ante todo velar por su gente, coordinarse con el *cuacuilli* (sacerdote local), los líderes de las escuelas locales, y con el *Huey calpixqui* para aguardar instrucciones de la administración central. Igualmente, podía designar personas que le ayudaran y estaba exento de impuesto.

Como una sociedad de su época, había fallos en la igualdad para pagar el tributo, ya que el *tecuhtli* y su familia no pagaban impuestos, así como el *calpullec* y otros tantos funcionarios de alto rango. Quizá esto se pudiera haber compensado con los considerables gastos que también tenían, por una parte con la remuneración de los funcionarios y consejeros locales que elegían para que les asistieran a cumplir sus funciones, y la otra parte por las juntas con los consejos, ya que debían ofrecer comida y bebida; todos estos gastos corrían por su cuenta. En palabras del especialista francés Jacques Soustelle (1912-1990), en las aldeas mexicanas quien *"ha sido investido de un cargo y no se comporta con generosidad, se pone en fuerte evidencia"*,[33] lo mismo pasaba en el México del siglo XV como todavía en el siglo XXI.

Es lógico deducir que esta forma de gobierno general era esencialmente replicada en unidades cada vez más grandes a medida que su sociedad evolucionaba. Básicamente, la organización de muchas tribus de América incorporaba un

---

[33] *Ibíd.*, p. 56.

consejo de ancianos que podían fungir como los líderes principales, o bien escoger uno que igualmente seguía su consejo, tener guerreros para protegerse, gente destinada a administrar recursos y poco a poco conjuntar muchas funciones más. En el caso de los aztecas, poder consolidar y liderar diversos territorios involucraba otras figuras a desempeñar, funcionarios diversos, embajadores, jueces, y así se encaminaron a la designación de un líder general que representaba su administración política, social y cultural: el *Tlatoani* (el que habla), que posteriormente dio origen al *Huey Tlatoani* (gran orador), quien era líder de su gobierno.

Cada *altepetl* (ciudad-estado) tenía un *tlatoani*, y también se hacían responsables de un *tlatocayotl* (zonas agrícolas que dependían del centro urbano). Sus funciones, las mismas que cualquier dirigente, sólo que a una escala mayor, aunque en su origen histórico nos remontamos al *tecuhtli* y el *cuauhtlahto,* este último cuando los aztecas estaban en su período de migración.

En el siglo XVI, la *Excan Tlahtoloyan* o Triple Alianza ya estaba bien consolidada como entidad, había treinta y ocho de las que podríamos llamar provincias, pero eran ciento veinte los pueblos incorporados a ella. Destacaban los once pueblos centrales administrados por la *Excan Tlahtoloyan*: *Citlaltepec, Tzompanco* (con Tlacopan), *Xaltocan, Acalhuacan,* (con Texcoco), *Coatitlan, Huixachtitlan, Coatlayauhcan, Acolnahuac, Puputlan, Iztacalco, Chalco-Atenco* (siete restantes pertenecientes a México-Tenochtitlan). Las once guarniciones: *Cuauhtochco, Izteyocan* y *Atzacan* (Puebla-Veracruz), *Quechultenango* (Guerrero), *Huaxyacac* (Oaxaca), *Zozolan* (San Jerónimo Sosola, Oax.), *Poctepec* (Guerrero-Oaxaca),

Oztoman (Guerrero), *Atlan* y *Tezapotitlan* (Puebla), *Xoconochco* (Chiapas-Guatemala). Otras poblaciones tributarias como *Tochpan* (Tuxpan), *Coyolapan* (Oaxaca), *Tollocan* (Toluca), *Cihuatlan* (Jalisco), entre otras.

La figura principal de la administración central de los aztecas es el *Huey Tlatoani*. Igualmente tenía el título de *Tlacatecuhtli* (jefe de los guerreros). Contaba con lo que hoy designaríamos un vicepresidente llamado *Cihuacoatl* (mujer serpiente) quien también era jefe de los ejércitos. Ambos designaban cuatro consejeros que destacaban en funciones militares y jurídicas, el *tlacochcalcatl*, el *tlacatecatl*, el *ezhuahuacatl* y el *tlillancalqui*. Asimismo, había otro grupo de consejeros ancianos, sabios y sacerdotes, que en conjunto formaban el *Tlatocan* o consejo supremo de la ciudad.

En su momento, los conquistadores equiparaban al *Huey Tlatoani* con un emperador, sin embargo, el nombre significa y se perfila más a un líder que a un monarca. Para llegar a ser *Huey Tlatoani,* la persona debía formarse y destacarse en todos los rubros que integraban su sociedad, para ejercer su ser político en todo su esplendor, como guerrero, sabio, poeta, artista y para velar por el bien común.

> *Es el padre y la madre de los mexicanos, según la expresión consagrada; está obligado a hacerles justicia y a luchar contra la carestía para asegurarles la abundancia de los "frutos de la tierra, para que siempre hubiese mucha hartura.* [34]

---

[34] *Ibíd.,* p. 96.

Ciertamente, cada *Huey Tlatoani* tuvo como objetivo la expansión del territorio, y la construcción de más templos, pero también el de brindar a sus habitantes opciones más dignas. Hay relatos que nos hablan de la preocupación por los pueblos aliados y los ciudadanos de la capital, por ejemplo, *Moctezuma I* distribuyó víveres y vestimenta, *Ahuizotl* (1486-1502) repartió 200,000 cargas de maíz para las víctimas de inundación, o la exención del tributo cuando las cosechas y recursos no eran favorables, características que nada tenían que ver con favoritismo para una reelección política, o simpatía para validar un partido político.

La extensión de *México-Tenochtitlan* era conformada por la *Excan Tlahtoloyan* o como se conoció en español, la Triple Alianza: *Tenochtitlan, Tetzcoco y Tlacopan*, era la confederación que encabezaba la capital, cada una con un *Tlatoani,* siendo que el de *Tenochtitlan* era el *Huey Tlatoani.*

Es cierto que era una sociedad propia de su época, por ejemplo, el tesoro público (hacienda) estaba confundido con el tesoro particular del *Huey Tlatoani*, como aún hoy es el caso en muchos emiratos del Golfo Pérsico, lo cual implicaba grandes despilfarros. Por ejemplo, el *Tlatoani* de Texcoco *Nezahualpilli* (1464-1515, descendiente de *Netzahualcoyotl*) tenía dos mil esposas, y la preferida tenía ella sola dos mil sirvientes.

No obstante, la administración era muy compleja, tanto que aún hoy no se sabe con certeza cuántos administrativos había, al igual que sus títulos y deberes. Acorde al investigador francés Jacques Soustelle, se distinguen tres categorías de funcionarios en la época de Moctezuma II: gobernadores, *calpixque* y jueces. [35]

Los gobernadores llevaban el título de *tlacochtecuhtli* (el dignatario de los dardos), *tlacatecuhtli o tlacateccatl;* destaca que algunas provincias tenían hasta dos gobernadores como Oztoman, Zozolan y Uaxyacac.

Los *calpixque*, anteriormente mencionados, hacían informes del estado de los cultivos, del comercio y de la población, por ejemplo, si había escasez debían notificar al *Huey Tlatoani* para que éste último pudiera eximir a la población del pago de impuesto, también entre sus funciones estaba proponer la construcción de edificaciones públicas, el mantenimiento de caminos y el suministro de servicios.

Los jueces, quienes provenían de todas las clases, con una altísima estima, autoridad, exigencia y ecuanimidad, reflejaban lo mejor de la ética en la que creían, *"mirábase mucho en que estos tales no fuesen borrachos, ni amigos de tomar dádivas, ni fuesen aceptadores de personas, ni apasionados; encargábales mucho el señor que hiciesen justicia en todo lo que a sus manos viniese".* [36] Para ello los jueces debían escuchar ambas partes para valorar adecuadamente las causas y hechos, redactaban el caso y daban una sentencia.

En los juzgados de lo que se han denominado las casas reales se llevaban a cabo los juicios. Así, en la sala *tlaxitlan*, los jueces escuchaban los casos de la nobleza y los de mayor dificultad, estos últimos los abordaba un consejo de trece principales llamados *tecutlatoque*, también ahí determinaban sus sentencias, éstas podían ser desde pena de muerte como

---

[35] *Ibíd.,* pp. 62-64.
[36] Sahagún, *op. cit.,* p. 452.

delito máximo, cárcel, destierro, pérdida de méritos, castigos y multas, *"ni recibían cohechos, ni favorecían al culpado sino hacían justicia derechamente"*. [37] En otra sala llamada *tecalli*, los jueces y ancianos escuchaban los casos de la gente del pueblo, pleitos y peticiones, pero también de los jueces que eran corruptos. Los asuntos de tipo militar y de adulterio se atendían en la *tecpilcalli*.

Ahondando en materia jurídica, había dos crímenes castigados con la pena de muerte para un juez: torcer la justicia a favor de un rico y en detrimento de un pobre, y demorar la justicia, pues justicia demorada es justicia denegada, por ello tenían legislado que en cada instancia (solamente dos), la resolución podía demorar como mucho tres meses, siendo seis meses el juicio más largo. No hablamos de la pena de muerte como un bien deseable en sí mismo, pues incluso en la actualidad está en duda si es eficaz en la prevención del delito, o si está en nosotros el derecho a privar de la vida de alguien si no es en defensa propia imperativa. Lo mencionamos sabiendo que es algo que recién hoy estamos cuestionando, pero que marca la severidad con la que los aztecas trataban esta clase de injusticias, como ejemplo de su afán por la justicia.

Hablando en términos del derecho de la propiedad, las tierras eran en su gran mayoría comunales, y si el usufructuario moría sin descendencia o en el caso de que no se usaran por dos años, las tierras volverían al *tlatoani*, con la opción de que esa parcela podía comprarse, venderse y rentarse; cosa totalmente contraria a las leyes españolas o coloniales. El principio general de la propiedad azteca era el del usufructo,

---

[37] *Ibíd.*, p. 447.

aunque estaban en plena evolución hacia la propiedad privada. La soberanía personal del usufructuario de la tierra comunal era muy superior a la que podemos hoy observar en un comunero o en un ejidatario.

Respecto a los *tlatlacotin* (esclavos), eran personas con deudas que se vendían ellas mismas como esclavos para pagarlas. Un concepto muy diferente al de la esclavitud romana, o de cualquiera de los países de Europa y colonias europeas de América, porque el esclavo tenía derechos y debía ser tratado como un familiar querido, so pena de intervención severa de la ley; podía rescatarse a sí mismo, comprar su libertad, y cuando su dueño moría era inmediatamente liberado. [38]

Cuando uno de esos esclavos abandonaba totalmente sus deberes, debía ser advertido tres veces, y si aún así no se corregía, podía ser vendido, y si finalmente se convertía en un ser de ruptura completa con la sociedad, podía ser vendido para el sacrificio (generalmente era un *pochteca* quien lo compraba), situación que ocurría muy rara vez. Dentro de la filosofía de esa sociedad, se le ofrecía la posibilidad de tener el más digno y apoteósico de los finales, el de ser ofrecido como mensajero *quasi* divino, participando en el sostenimiento de todo el orden del universo.

En materia de educación, los primeros años ambos progenitores estaban a cargo de sus retoños, el padre con el niño y la madre con la niña, les enseñaban conocimientos prácticos que necesitarían en su vida adulta. A los varones les enseñaban a pescar, conducir una canoa, cazar; a las mujeres a tejer, manejar el huso; a ambos las labores de limpieza de la

---

[38] Soustelle, *op. cit.*, pp. 83-87.

casa y aseo personal. Su educación consistía en aprender con el ejemplo, de ahí que quien enseñaba tenía una gran responsabilidad.

En sus sistemas educativos, la primera característica es que era universal para toda su población sin importar el sexo, en pleno siglo XVI y funcionando desde tiempo atrás. Mediante las habilidades que demostraban desde infantes y la adivinación, era posible determinar los dones y habilidades que la persona tendría en el futuro. Había escuelas en cada barrio, todos tenían el derecho y la obligación de inscribirse. Empezaban su educación en la escuela siendo niños, al momento en que entraban hacían una celebración entre padres, hijos y *tlamachtiani* (maestros), quienes eran muy respetados y recibían el futuro de los estudiantes como si fueran hijos suyos, convirtiéndose en su nueva familia. Además de las enseñanzas particulares, amonestaban a sus pupilos si cometían fallas. Cuando ingresaban por primera vez y al concluir su ciclo en la escuela, ayunaban estudiantes y maestros. Al terminar la escuela, regresaban a sus localidades para aplicar sus conocimientos, generalmente entre los 15 años de edad.

Las casas-escuelas de las que sabemos son: el *calmecac* (casa/morada) para sacerdotes y administradores políticos, el *telpochcalli* (casa de los jóvenes) para la formación de guerreros, el *ichpochcalli* (casa de las jóvenes) el equivalente femenino del *telpochcalli,* y el *cuicacalli* (casa del canto). Además existía el *mixcoacalli* (casa de las serpientes de nubes), una sala de ensayos donde guardaban sus instrumentos y se reunían los cantores de México y Tlatelolco. [39] Asimismo, había

---

[39] Sahagún, *op. cit.,* p. 449.

otras *nemachtilcalli* (escuelas), por ejemplo, la *netotiliz nemachtiloyan* (escuela de danza).[40]

Cabe destacar que sin importar la escuela, todos los estudiantes hacían labores cotidianas, barrían, limpiaban, iban por leña, hacían el fuego, trabajaban la tierra. En el caso de los educandos del *telpochcalli,* diariamente antes de la puesta del sol salían rumbo al *cuicacalli* a danzar hasta pasando la medianoche.[41] A esa misma hora, los discípulos del *calmecac* comenzaban a orar.

A primera vista, estos sistemas eran diferentes, pero compartían el mismo espíritu y ética, que era una de sacrificio y meritocracia. Igualmente es relevante notar que el arte era esencial en la formación de cualquiera de sus ciudadanos, la literatura, la música, y en especial la danza, ya que era su forma más elevada, que significaba la comunión agraciada con Dios.

Respecto a los estudiantes del *telpochcalli,* si uno se volvía hábil podía ascender a *tiachcau*, luego a *tepochtlato,* y si en batallas lograba capturar a muchos adversarios, ascendía a *quauhtlato* o *tlacochcalcatl,* liderando batallones, además podía ser candidato a funcionario.

También había distintos tipos de guerreros, entre los que destacan: El *ocelopilli* (ocelote, popularmente conocido como jaguar), el *cuauhpilli* (águila), el *quimichtin* (ratones), el *coapilli* (serpiente), los *otontin* (otomíes) y los *cuachicqueh* (fuertes y valerosos, conocidos como guerreros rapados).

---

[40] Marc Thouvenot. *Diccionario náhuatl-español basado en los diccionarios de Alonso de Molina con el náhuatl normalizado y el español modernizado,* Javier Manríquez (col.), México: UNAM, 2014.
[41] Sahagún, *op. cit.,* p. 203.

El *ocelopilli* y el *cuauhpilli* fueron las unidades básicas de guerreros, la mayoría provenientes de la milicia, el primero integrado por los *macehualtin* y los segundos incluyendo a los *pipiltin,* ambos manejaban el *atlatl* (lanza dardos), arco y flecha, las dagas y el *macuahuitl* (espada de obsidiana).

Los *quimichtin* y *coapilli* eran espías con entrenamiento militar, los primeros disfrazados dentro de la sociedad, y los segundos en puntos estratégicos para vigilar; varios días podían pasar sin moverse de sus puestos de control, silenciosos y desapercibidos como una serpiente, sí había un movimiento sospechoso corrían velozmente para dar el mensaje, *"llegó á él muy apresurado un soldado de los espías que tenía puestos, llamado Tezcacoacatl, diciéndole cómo por aquellas lomas había descubierto que venía cantidad de gente armada á gran priesa".* [42] Así el *tezcacoacatl* (serpiente de espejos), posteriormente aparece como un grado militar e incluso un funcionario, y en la cita anterior es quien avisa a *Ixtlilxóchitl* de lo que ha visto.

Los *otontin* recibían su nombre de los otomíes por su ferocidad, los *cuachicqueh* eran los más aguerridos de todos, se les distinguía por su cabeza afeitada salvo una parte de en medio y por su *tlahuiztli* (traje) amarillo, eran la élite, el *Tlacateccatl* provenía de esta orden.

En la batalla, la primera línea estaba integrada por los más feroces, siendo que los *cuachicqueh* eran los primeros en enfrentarse, ya que se les conocía por jamás dar marcha atrás, seguido de los *otontin*, y posteriormente el resto. El guerrero *cuachicqueh* es:

---

[42] Fernando de Alva Ixtlilxóchitl. *Historia Chichimeca Tomo II,* Alfredo Chavero (notas), México: Oficina Tip. de la Secretaría de Fomento, 1892, p. 95.

> *Amparo y muralla de los suyos, furioso y rabioso*
> *contra sus enemigos, valentazo por ser membrudo; y al*
> *fin es señalado en la valentía. El que es tal es dispuesto*
> *y hábil para la guerra, y socorre a los suyos sin temer la*
> *muerte.*[43]

El guerrero se convertía en *Iyac* con el primer cautivo, *tequitl* con el segundo. Mientras más cautivos hacían, más derecho tenían al reparto de los frutos del impuesto gubernamental. Cuando ya eran veteranos eran *tequihuah*, que acreditaban con insignias y honores por un tiempo largo de servicio. Los guerreros al adquirir experiencia también podían calificar para ocupar cualquier puesto dentro del estado, incluidos los más altos. Esa característica de sus guerras de hacer prisioneros y no matar al enemigo hasta donde se pudiera, fue una de las causas decisivas de su derrota militar ante los españoles, el propio Hernán Cortés salvó su vida seis veces, simplemente porque en el forcejeo para apresarlo sin lastimarlo o matarlo llegaron sus soldados a rescatarlo.

Es impresionante concebir a un guerrero valeroso, pero simultáneamente sensible al arte. Así como concebir que aun siendo un esclavo se podían obtener méritos. El espíritu de esa auténtica meritocracia se observaba en su ética y dignidad. Sin importar la clase social, el respeto y el ascenso podían estar al alcance de cualquiera. La generosidad fue uno de sus rasgos como cultura, la cual les daba una alta estima, *"la persona*

---

[43] Sahagún, *op. cit.*, p. 535.

generosa y bien acondicionada es amorosa, piadosa, compasiva, liberal, imprime reverencia en los que la ven". [44]

El género literario de los *Huehuehtlatolli* (los dichos de los antiguos) es otro ejemplo del comportamiento moral y de cómo mantener una actitud digna. Han llegado hasta nuestros días en su versión en nahuatl y en su transliteración. Al adentrarse a ellos es posible comprender su estoicismo ante las situaciones complicadas, también se nota el amor con el que se dirigían a sus hijos, estos a los padres, abuelos, los discursos, amonestaciones y respuestas que daban en sus celebraciones, en eventos importantes, al entrar a la escuela, al contraer matrimonio, en el embarazo, nacimiento, bautizo, en un deceso, al aceptar una función, hay exhortaciones para evitar robo, vicios, adulterio, embriaguez, y en sus oraciones espirituales.

Esta tradición todavía persiste en algunas comunidades de México, donde se espera que los líderes de las familias proclamen discursos motivacionales, reflexivos y se transmitan palabras de sabiduría. Igualmente, la redundancia, dirigirse en diminutivo como signo de cariño y el uso de metáforas, es una herencia vigente en la población mexicana. Calabacita, tacita, elotito, jitomatito, hijito, diosito. Incluso nombres propios nacionales y extranjeros aplican, Florecita, Brunito, Angelita, Axelito, Sarita, etc. En un discurso de los progenitores, comienzan a decir el padre al hijo, y posteriormente la madre a la niña.

---

[44] *Ibíd.*, p. 533.

Hijo mío, mi collar, mi pluma preciosa, has venido a la vida, has nacido, has venido a salir a la tierra, en la tierra del Señor Nuestro. Te forjó, te dio forma, te hizo nacer Aquel por quien se vive, Dios.[45]

Ahora mi niñita, tortolita, mujercita, tienes vida, has nacido, has salido, has caído de mi seno, de mi pecho".[46]

También había discursos para sus dirigentes:

Y en tus manos está el gran espejo, la gruesa tea con la que vienes a observar sobre el agua, sobre el monte [la ciudad], con la que vienes a ser mencionado, honrado. Así llevas, así conduces, guías, haces el camino, porque te has hecho madre, te has hecho padre. Te ha favorecido el dueño de la tierra, Dios; dale honra, enaltece su atributo de madre, su atributo de padre, su carga, su señorío, su fama, su honra. Así esfuérzate mucho, afánate, fortalécete, date ánimos; así llora, entristécete, así avívate mucho, observa bien porque es difícil, porque es pesado lo que sobre ti ha dispuesto el Señor Nuestro. No te abandones al decaimiento, no te quedes a la zaga, no pierdas el gobierno, no pierdas el mando; no te arrojes al agua, no te arrojes al despeñadero, no desmayes, no desfallezcas.[47]

---

[45] *Huehuehtlatolli. Testimonios de la antigua palabra.* Miguel León Portilla (ed.), Librado Silva Galeana (trad.), México: CONACULTA, Cien de México, 2017, p. 279.
[46] *Ibíd.,* p. 317.
[47] *Ibíd.,* p. 391.

Los gobernantes también exhortaban al trato digno a cualquier persona:

> *Es muy necesario que bajéis la cabeza, que os inclinéis con humildad, que os tengáis afecto; y que lo recojáis a las personas la red, el braguero, el bezote, las orejeras. En ninguna parte seáis insolentes con las personas. Con tranquilidad, con alegría haced vuestras vidas. Tened mucho respeto a los ancianos afligidos, a las ancianas sufridas; y al águila, al ocelote, al vasallo, tenedle temor reverencial; mirad con respeto a su pobre braguero, a su pobre capa. En donde encontréis al pobre anciano, junto al río, en el camino, le diréis: "Padre mío, abuelo mío, tío mío". Y a la anciana le diréis: "Madre mía, abuela mía, con tranquilidad, con alegría encamínate, no vayas a caerte en algún sitio".[48]*

A través de estos documentos se aprecia la preocupación central de aquella cultura azteca. Actuar de manera recta y justa, siguiendo el sendero de lo bueno, *in qualli yectli*, sin buscar la perfección sino a través de la excelencia, del aprendizaje mediante el ejemplo, aplicando una ética orientada al bien común, al deber ser, un ser auténtico.

---

[48] *Ibíd.*, p. 427-429.

La mujer azteca

Roles de género. Funciones sociales, importancia y sexualidad.
La feminidad como parte imprescindible de la existencia.

La mujer entre la sociedad azteca pasó por un período de evolución. Así en tiempos ancestrales era considerada la guardiana del linaje, tal como narra la historia de la continuidad chichimeca en las mujeres toltecas, [49] después *Ilancueitl* (faldón de anciana) pasó a México el linaje tolteca de *Colhuacan,* que fue lo que permitió a la dinastía azteca reclamar en su ascendencia a Quetzalcóatl.[50]

Con esto en mente, es posible comprender por qué muchas de sus representaciones divinas fueran de sexo femenino, como *Chicomecoatl* (siete serpiente) del maíz, *Xilonen* (la peluda) del maíz tierno, *Coatlicue* (de la falda de serpientes), *Tonacacihuatl* (de la abundancia), *Xochiquetzal* (flor preciosa) del amor y la belleza, *Tonantzin* (nuestra madre).

Los roles de género eran muy marcados, estos respondían principalmente a la dualidad que se complementaba en su cosmovisión, aunque no necesariamente con el concepto de igualdad del siglo XXI.

Hay investigadores que opinan que las relaciones de género, entonces como hoy, en las actuales comunidades indígenas tradicionales, tenían un carácter de complementariedad muy definido

---

[49] Fernando de Alva Ixtlilxóchitl. *Historia Chichimeca Tomo II,* Alfredo Chavero (notas), México: Oficina Tip. de la Secretaría de Fomento, 1892, p. 37.
[50] Jacques Soustelle. *La vida cotidiana de los aztecas en vísperas de la conquista,* Carlos Villegas (trad.), Ciudad de México: FCE, 1970, 2014 (ed.), p. 185.

(McLeod, 2000); esto, sin dejar de ser cierto, no implica necesariamente que existieran posiciones de igualdad entre hombres y mujeres.[51]

Su perspectiva dual era necesaria porque para ellos ofrecía un equilibrio en el universo entero, el sol *Tonatiuh* es complementado con *Metztli* la luna. La pareja primordial creadora habitante en el último de los cielos, en el *Omeyocan*, se manifiesta con *Omecihuatl* (dualidad femenina) y *Ometecuhtli* (dualidad masculina). Esta visión la llevaron a su vida cotidiana. Las propiedades biológicas de la mujer fueron trasladadas a las funciones de su sociedad. La fertilidad, la abundancia, maternidad, sexualidad, misticismo y belleza se transformaron en la agricultura, el cultivo, la crianza, la pasión y la creación.

Entre las labores domésticas que hacían estaba hilar, tejer, cocinar, asear la casa. Sin embargo, también tenían acceso a las escuelas y a otras labores fuera del ambiente de las tareas del hogar, ya que como vimos, también los hombres aprendían y realizaban tareas cotidianas en las escuelas. En nuestras investigaciones encontramos que existen ciertos vacíos y prejuicios hacia la mujer debido a la época, por lo que quizá se descartó mucha información del enorme papel que jugaba la mujer en su sociedad.

Así, en el Libro X del *Códice Florentino,* se menciona que las mujeres nobles se limitaban a ser señoras de la casa, doncellas, hijas de noble sangre, en cambio, observamos que los oficios de 'mujeres bajas' eran las prestadoras de servicios,

---

[51] Mercedes Olivera. *Feminismo popular y revolución. Entre la militancia y la antropología*, Montserrat Bosch Heras (ed.) Buenos Aires: CLACSO, 2019, pp. 442-443.

incluso las médicas aparecen en este rubro. Destaca que en ambos estratos sociales se exaltan la honradez, bondad y otras cualidades que configuraban su ética.

Se tiene evidencia que entre los aztecas había mujeres trabajadoras en distintas áreas: agrícola, cerámica, indumentaria, comercial, alimentaria, educación, artística, salud, culto y militar. De esta manera había campesinas, jardineras, alfareras, artesanas, hilanderas, costureras tejedoras, vendedoras de infinitos productos en los mercados, maestras, danzantes, cantantes, músicas, escribanas, parteras, médicas, chamanas, sacerdotisas, sabias, guerreras y funcionarias.

No había restricciones para quienes querían hacer bien las cosas. Se reconocía el valor de cada quien en función de sus palabras y actos. A diferencia de lo que aseveró la antropóloga María Rodríguez Shadow, antes de la Conquista las mujeres aztecas no estaban sometidas a un poder patriarcal autoritario que les impidiera ser libres y actuar según su entender.[52]

En cuanto al arte, se ha conservado sólo un fragmento de un poema de *Macuilxochitzin*, hija de *Tlacaélel*, el cual conlleva una alegría en sus palabras y su danza al Dador de Vida; éste comienza así: [53]

---

[52] Israel Ugalde, Bruno Lutz. Historia secreta de los Aztecas. Independently Published, Plenitud Azteca, 2021. P. 92.
[53] Miguel León-Portilla. *Trece poetas del mundo azteca*, México: UNAM, Instituto de Investigaciones Históricas, 1978, 2016, pp. 164-165.

Macuilxochitzin icuic	*Canto de Macuilxóchitl*
A nonpehua noncuica,	*Elevo mis cantos,*
ni Macuilxochitl,	*Yo, Macuilxóchitl,*
zan noconahuiltia in	*con ellos alegro al Dador*
ipalnemoa,	*de la vida,*
¡yn maconnetotilo!	*¡comience la danza!*
¿Quenonamican,	*¿Adonde de algún modo se*
can o ye iehan	*existe,*
im a itquihua in cuácate?	*a la casa de Él*
¿Ic zanio nican	*se llevan los cantos?*
y izca anmoxochiuh?	*¿O sólo aquí*
¡In ma onnetotilo!	*están vuestras flores?,*
	¡comience la danza!

Por otro lado, tanto las parteras como las médicas eran consideradas como practicantes de la esfera de la salud, no tenemos la certeza si la partera era una especialidad médica como hoy lo es la ginecología, pero ambas profesiones eran respetadas y están vinculadas. En nuestra investigación encontramos que en la sección de los *Huehuehtlatolli* del *Códice Florentino* se halla un discurso en donde se refuerza esta idea de la partera como médica, de elaborar medicina preventiva, aconsejar y curar, pero siempre bajo servicio de los designios del Creador:

Aquí estoy yo, que me llamo médica, y para esto soy médica para informar de las cosas que son peligrosas en este caso; y si por ventura alguno de estos peligros nos aconteciere, ¿tengo yo algún remedio o alguna medicina por ventura para evitarlo? ¿Podré por ventura hacer algo para remediarlo? ¿Tengo por ventura poder absoluto para librar de la muerte? Solamente podremos ayudar a nuestro señor con avisos y medicinas, y conformarnos con su voluntad.[54]

La mujer instruida en la medicina debía conocer las plantas, raíces y árboles medicinales, que como se ha mencionado, el estudio de los aztecas era el más extenso del continente, también de minerales benéficos y prácticas adecuadas para cada paciente que atendían, *"la que es médica sabe bien curar a los enfermos, y por el beneficio que les hace casi vuélvelos de muerte a vida".* [55]

Por otro lado, también nuestras investigaciones apuntan a cuestionar la exclusividad del *telpochcalli* y el *calmecac*, de la que nos han contado. Ya que en ocasiones no se hace distinción de que estos lugares hayan sido exclusivos para un sexo en particular, no sabemos si en todas estas casas era de esa manera, o quizá sólo algunas sedes eran mixtas. En el *Códice Florentino* se lee:

Y la niña que ya estaba prometida al telpochpan, entregábanle a la mujer que tenía cargo de las otras, la cual llamaban ychpochtiachcauh, que quiere decir la

---

[54] Bernardino de Sahagún. *Historia general de las cosas de Nueva España*, Ángel María Garibay (anotaciones), México: Porrúa, 2016, p. 362.
[55] *Ibíd.*, p. 545.

principal de las doncellas; y cuando ya era grandecilla, había de aprender a cantar y a danzar.[56]

El texto continúa diciendo que si pertenecía a esta línea del *telpochcalli* permanecía con sus progenitores. No obstante, si era de la línea del *calmecac*, tomaba el sacerdocio. Es relevante mencionar que aunque se inscribieran en el sacerdocio, sus votos podían ser o no permanentes, incluso se inscribían sólo por periodos convenidos. Las sacerdotisas *"se llamaban quaquacuiltin, que quiere decir que tenían los cabellos cortados de cierta manera".* [57] En éste había maestras sacerdotisas, mujeres vírgenes que se llamaban *tlamacazque y tlamaceuhque,* confirmando que estos términos aplicaban a mujeres y hombres. Estas, se dedicaban a la penitencia y a atender los templos, mantener el fuego eterno, hacer incienso, punzarse, danzar y estar en oración. Si la joven era grande la marcaban en las costillas, si era pequeña le hacían portar un collar como recordatorio de sus votos.

Por otro lado, también está la versión que nos dice que en los barrios había varios *telpochcalli,* siendo que la administración estaba a cargo de los *telpochtlatoque* (maestros de los mancebos), o si se trataba de mujeres de las *ichpochtlatoque* (maestras de las doncellas), que son funcionarias laicas y no religiosas. [58]

---

[56] *Ibíd.,* p. 383
[57] *Ibíd.,* p. 384.
[58] Soustelle, *op. cit.,* p. 173.

Diego Durán escribe que las sacerdotisas se encuentran en una casa especial, y son las encargadas de servir a Huitzilopochtli.

> La segunda casa y apartamiento que dije estaba a otra parte del patio, frontera de esta otra, donde había otro recogimiento de monjas, recogidas todas doncellas, de doce a trece años, a las cuales llamaban "las mozas de la penitencia". Eran otras tantas como los varones, sin haber más ni menos. Estas vivían en castidad y recogimiento, como doncellas diputadas al servicio del dios. Las cuales no tenían otro ejercicio si no era barrer, regar el templo, y hacer cada mañana de comer para el ídolo y a los ministros del templo de aquello que de limosna recogían. La comida que al ídolo hacían era unas tortillas pequeñas, hechas a manera de manos y de pies, y otras retorcidas como melcochas. Llamaban a este género de comida macpaltlaxcalli, xopaltlaxcalli y cocoltiaxcalli, que quiere decir "pan con manos, con pies, y retorcido". Con este pan hacían unos guisados de chile y poníanselos al ídolo delante y esto era cada día. Entraban estas mochachas trasquilonas y desde que entraban dejaban crecer el cabello.[59]

No obstante, las sacerdotisas también participaban en los sacrificios, se adornaban y danzaban, portaban huipiles

---

[59] Fray Diego Duran. *Historia de las Indias de Nueva España Islas de la Tierra Firme -Edición Única*, México: ITESM, 2015, pp. 173-174.

bordados, penachos y piedras multicolores. Así se narra en el Códice Florentino, donde las *cihuatlamacazqui* que vivían en los monasterios participaban en el sacrificio a *Xilonen*.[60]

Quizá conforme fueron avanzando las funciones con las mujeres y el nivel poblacional, es que se fue concretando mejor un espacio exclusivo, *"gracias al decreto de Moctezuma se generó la escuela femenina llamada Ichpochcalli, dedicada a distintos dioses, entre ellos a Huitzilopochtli"*.[61]

No obstante, si el sacerdocio femenino también se hacía en el *calmecac* como sugiere Sahagún, suponemos que el *ichpochcalli* era el equivalente del *telpochcalli* al compartir la misma equivalencia etimológica, siendo que en estas escuelas era donde se ofrecía una educación media para toda la población, y que al ser una sociedad militarizada también se instruían en la guerra y en la administración, por eso es por lo que estaban las *ichpochtlatoque,* quienes eran funcionarias laicas como señala Soustelle. Si se observa la etimología de este último término, se notará que se compone de *ichpochtli* (mujer joven) y el plural de *tlatoani,* que es *tlatoque,* lo que podríamos traducir como "las mujeres jóvenes que son grandes oradoras", que conduce a pensar en mujeres líderes de algún *altepetl.* Si fuese este último caso, lo más común hubiera sido designar el término de *Cihuatlatoani* (mujer que habla), por cierto, esta palabra aparece en el diccionario de Molina, refiriéndola a dama de alto rango, reina o princesa.

---

[60] Sahagún, *op. cit.*, p. 122.
[61] Eduardo Pámanes. "La educación y la mujer en el mundo prehispánico", *Diálogos por la Educación en igualdad II*, Zacatecas: 2018, p. 35

¿Había mujeres tlatoani? *¿Ichpochtlatoani o Cihuatlatoani?* La historia que presentamos es la de *Atotoztli*, hija del *Huey Tlatoani Moctezuma I*, (también conocida como Atotoztli II para diferenciarla de Atotoztli I la hija de Náuhyotl). Según la investigación de Rudolf van Zantwijk (n. 1932), a la muerte del *Huey Tlatoani*, de la cual no hay una fecha exacta, sus hijos *Machimalle* e *Iquehuac* perdieron todo nivel político al demostrar falta de ética y responsabilidad, además de que *Iquehuac* murió en batalla, teniendo como mejor candidata a su hija *Atotoztli*, quien se había casado con su primo *Tezozómoc*, hijo de su tío Itzcóatl quien fue *Huey Tlatoani* antes de *Moctezuma* I. Así, en ese periodo intermedio no se presentan indicios de que a la muerte de Moctezuma, el esposo de ella haya sido *Huey Tlatoani*, tampoco que sus hijos ascendieran inmediatamente, pero que más tarde *Axayácatl, Tizoc y Ahuízotl* habrían de ser *Huey Tlatoque*. Entonces *"podría ser así que Atotoztli hubiera gobernado entre 1466 y 1472"*,[62] quizá podría haber sido la primera *Huey Cihuatlatoani*.

Otras fuentes comparten la idea de Atotoztli como *Huey Tlatoani*, por ejemplo Motolinía, *"muerto el viejo Moctezuma sin hijo varón, sucedióle una hija legítima, cuyo marido fue un pariente suyo muy cercano"*,[63] y López de Gómara, *"tras este Moctezuma vino a suceder en el reino una hija suya pues, no*

---

[62] Rudolf Van Zantwijk. "Iquehuacatzin, un drama real azteca", *Estudios de cultura náhuatl,* Ciudad de México: UNAM, núm. 13, 1978, p. 93.
[63] Fray Toribio de Benavenye "Motolinía". *Historia de los indios de la Nueva España*, Mercedes Serna y Bernat Castany (ed.), Madrid: Real Academia Española – Centro para la Edición de los Clásicos Españoles, 2014, p. 9.

había otro heredero… Axayácatl fue rey después de su madre".[64]

Si las mujeres administraban sus casas, sería coherente pensar que pudieran administrar un templo, una dependencia o un *altepetl*. Aunque no se cuentan con registros suficientes al respecto, el caso de Atotoztli y la etimología de las *ichpochtlatoque* y *cihuatlatoani* dejan mucho qué pensar. Lo que sí se sabe es que había mujeres que eran guerreras, que salían en las caravanas *pochteca,* y que aconsejaban cómo administrar los bienes.

Las mujeres que morían por parto eran consideradas auténticas guerreras, y como tal se les llamaba *cihuatlpipiltin* o *cihuateteo* (mujeres celestiales). El proceso del nacimiento tenía la connotación de una tremenda batalla entre los planos de la vida y la muerte, así la mujer que daba a luz habría librado la guerra exitosamente y *"había cautivado a un niño"*. [65]

Otro rasgo de las mujeres como guerreras y de su entrenamiento militar, se tiene con el testimonio de la ferocidad femenina cuando peleaban con los hombres sin que estos midieran su fuerza. Cuando había una *mocihuaquetze* (muerte por parto), el cortejo fúnebre se encabezaba por mujeres, parteras y ancianas, quienes debían llevar el cuerpo para enterrarlo en un lugar consagrado a la casa del sol. Desafortunadamente, también encontraban peligros en el trayecto, por ejemplo, Sahagún relata que había jóvenes (*telpopochtin*) cobardes que iban a la guerra, quienes tenían la

---

[64] Francisco López de Gómara. *Historia General de las Indias, II. Conquista de Méjico,* Barcelona: Orbis, 1985, p. 297.
[65] Sahagún, *op. cit.,* p. 366.

creencia de que cortando los cabellos o el dedo medio izquierdo del cadáver, les daría más valentía en los campos de batalla, "peleaban con ellas por tomarles el cuerpo de la mujer, y no peleaban como de burla, o como por vía de juego, sino peleaban de veras",[66] si ellos ganaban, cortaban las partes en presencia de estas mujeres. Pero también podían acudir de noche, por lo que ellas debían defender el cuerpo. Igualmente debían protegerlo de los *temamacpalitotique* (los que te tienen en la palma de la mano, brujos), que buscaban profanar el cuerpo para hacer sus nigromancias.

Es bien sabido que las mujeres confeccionaban los trajes de los guerreros, pero igualmente salían a los campos de batalla. En las imágenes de algunos códices se distinguen por tener faldas más largas, a la manera de *Coatlicue*, portaban *chimalli y macahuitl,* estas representaciones se encuentran en distintos lugares de Mesoamérica.

La investigación de Margarita Cossich y Alejandro Fujigaki, confirma que en el caso de Tenochtitlán, se cuentan dos ejemplos concretos que ilustran guerreras: el primero en la Piedra de Tizoc y el segundo con una Atlante de 1.2 m de altura encontrado en la calle de República de Guatemala. Asimismo, los autores plantean que los oficios podían tener relaciones sociales en lo colectivo, ya que la mujer guerrera en el parto o en el campo de batalla, y el hombre guerrero que teje a los cautivos y los hace hijos al momento del sacrificio, convergían

---

[66] *Ibíd.* p. 363.

en *"las prácticas fundamentales de los mexicas: tejer parentesco consanguíneo por medio del parto y de la guerra"*.[67]

En cuanto a los derechos de la mujer, había similitudes y notables diferencias a los del viejo mundo. En los parecidos, podían establecer relaciones políticas a través del matrimonio, así, algunos *tecuhtli* y *tlatoque* llegaron a casarse con mujeres (de la nobleza o no) de pueblos que tenían conflictos, donde querían estabilizar relaciones o como gestos de buena voluntad. No obstante, una diferencia importante fue que la mujer podía solicitar el divorcio, sobre todo si el marido no cumplía con sus funciones, si descuidaba a su familia o fuese flojo, entonces, él debía devolver la dote que se le había asignado, así como parte de los bienes. Las viudas podían elegir volver a casarse o permanecer sin pareja. El adulterio estaba prohibido en ambos sexos.

El matrimonio consistía en una gran celebración; como requisito previo, la pareja debía haber terminado sus estudios en cualquiera de las escuelas, incluso las sacerdotisas, que como se mencionó podían terminar sus votos. El símbolo de la boda era cuando la pareja quedaba unida al momento que ataban con un nudo sus huipiles, así contraer nupcias significaba ante todo unir sus voluntades, si la pareja no tenía compromiso es entonces cuando se daba el divorcio, lo cual nos sigue mostrando su sentido de impermanencia.

---

[67] Margarita Cossich Vielman y Alejandro Fujigaki Lares. "Guerreras femeninas y tejidos masculinos", *Noticonquista*, Instituto de Investigaciones Históricas, Coordinación de Humanidades y la Coordinación de Difusión Cultural, UNAM. http://www.noticonquista.unam.mx/amoxtli/2313/2309.

Como muchas tribus que venían del norte, su sociedad era principalmente monógama, pero polígama para los altos puestos, quienes además de casarse tenían concubinas; las familias polígamas eran enormes. Un *Huey Tlatoani* podía tener cerca 20 esposas, o más como en el caso de Moctezuma II, quien al llegar los españoles, su descendencia se contaba alrededor de un centenar.

Dentro de la poligamia, había una principal, que los españoles designaron bajo el término 'legítima'. La función de estas esposas era la de apoyarse unas a las otras, juntas criaban a los hijos, sin poner impedimentos de quién de ellas fuese, y ayudaban al Tlatoani en las diferentes responsabilidades que tenía. En el caso de los *pipiltin,* los hijos de esposas secundarias eran considerados como hijos, sin ninguna categoría en especial, de acuerdo con lo que menciona Soustelle, se cometería un error al nombrarlos bastardos o hijos secundarios.[68] Si había una esposa que sembraba extrema discordia, la desterraban y perdía sus méritos.

Algunos autores hablan de una sexualidad reprimida, pero otras investigaciones apuntan a que la sexualidad también formaba parte de la co-creación y por lo tanto era muy valorada.

La sexualidad en la cosmovisión nahua era un recurso más para mantener el equilibrio del universo, puesto que el acto involucra la dualidad femenina-masculina que explicaba la creación de la naturaleza, y que devenía en la reciprocidad entre los géneros, en un intercambio benéfico para ambos sexos, lo

---

[68] Soustelle, *op. cit.,* p. 182.

que posicionó a las mujeres a sobresalir en los rubros sociales, religiosos y políticos.

El acto sexual estaba presente en los simbolismos de la naturaleza. Como en muchas culturas, la flor representaba a la mujer, y sus pétalos la vulva, sin embargo, para los nahuas el colibrí es la parte masculina que se une a la flor, y cuando éste sustrae la miel de ella, simbolizaba el acto sexual.

En ese deleite de la flor y el colibrí, de creación, de la naturaleza, de la vida, que como ya se dijo devenía la alegría por la existencia, es que se reconocía la sexualidad como un don divino, como un regalo del Dador de Vida.

A diferencia de la cultura occidental, los pueblos prehispánicos reconocían abiertamente el sexo, el uso de los placeres y el conocimiento del cuerpo y concebían el placer como un don divino, una forma de orden de la dualidad cósmica que tiene un lado femenino y uno masculino. La sexualidad era un elemento más del orden social, que para disfrutarse se debía moderar. Iba mucho más allá de lo reproductivo, puesto que fue vista como una manera de asegurar la marcha del mundo. Era algo divertido, jocoso y lleno de gozo y la risa era de suma importancia en el juego sexual. [69]

[69] Mariana Arregui. "Sexualidad y Erotismo entre los Aztecas", *Plenitud Azteca*, consultado el 17 noviembre, 2020.
https://plenitudazteca.com/2020/11/17/sexualidad-y-erotismo-entre-los-aztecas/

Es muy difícil encontrar datos que hablen del tema con toda claridad, por lo que sólo tenemos algunas referencias. [70] Una de estas es con las *ahuianime* (mujeres alegres, de *ahuilnemiliztli* vida contenta) quienes eran las seductoras de aquella sociedad. Ante la mirada de los cronistas, inmediatamente las vincularon con prostitutas, sin embargo, ejercían justificadamente cuando nacían en el signo *ce xochitl.* Así, "*ejercían una profesión no solamente reconocida, sino hasta estimada: tenían un lugar al lado de los jóvenes guerreros, sus compañeros, en las ceremonias religiosas*".[71] Su vestimenta era llamativa, al igual que sus ornamentos, maquillaje y perfumes.

La sexualidad al ser un acto bello y un regalo, se le valoraba con cierta moderación, misma que se promovía desde el equilibrio en la naturaleza, lo cual derivaba en la virtud. Las mujeres de la nobleza, o las que se consideraban de buenas virtudes, no solían llevar maquillaje, sin embargo, la costumbre de pintarse entre las huastecas y otomíes había llegado a la capital, pintándose los dientes y el cabello. No obstante la moda de la capital se resistía, pero los peinados en forma de dos capullos fueron más aceptados. Había muchos objetos e ingredientes para el cuidado femenino, espejos, peines, ungüentos, perfumes y cremas naturales como la sábila.

La importancia de la mujer en la sociedad azteca se manifiesta en diversas áreas de su sociedad, en los aspectos sociales, de la salud, en la guerra, en los templos, en la política,

---

[70] Dentro de poco tiempo un libro sobre sexualidad entre los aztecas se publicará a cargo de Mariana Arregui, donde se ofrecerán nuevos planteamientos de la sexualidad entre los aztecas.

[71] Soustelle, *op. cit.,* p. 185.

la sexualidad y la vida, más allá de sólo limitarse a las labores del hogar.

Aunque el concepto de predominancia masculina es el que se ha aceptado en muchas de las investigaciones de la cultura nahua, es contradictorio si realmente se amplía el horizonte hacia su cosmogonía, donde la existencia se manifiesta de manera dual, la parte femenina y masculina; el monoteísmo dual es otra muestra de la complejidad de su pensamiento. Sencillamente, la feminidad es una parte imprescindible no sólo para la existencia humana, sino universal.

Es de suponer que con los derechos y roles que desempeñaba la mujer en la sociedad azteca en el siglo XVI, su papel se encaminaba poco a poco hacia una equidad de funciones. No obstante, con el paso del tiempo y los avances de nuestras investigaciones, podremos esclarecer y complementar mejor dicha importancia de la mujer azteca.

PARTE II

SOBRE EL ORIGEN DE LOS AZTECAS

El anterior ciclo de culturas

Los Atlantes y otros pueblos. La gran catástrofe del cometa Clovis.

Desde hace más de dos mil años, sabemos por diversas fuentes que se mencionarán, que antes de lo que conocemos como civilización existió un ciclo anterior de culturas que terminó de manera absolutamente catastrófica hace unos 12,900 años. Cada vez se encuentran más indicios y se amplía la perspectiva de nuestra historia de la humanidad.

En los libros de *Critias* y *Timeo* de los *Diálogos* de Platón (427 ca. -347 ca. a.C.), Critias cuenta a través de una historia que había escuchado de su abuelo, un relato recibido de Solón donde se narra la historia del *Atlantis* o de la isla *Atlántida*, la cual era una historia vieja de 9,000 años según los egipcios, por lo que hoy es una de 11,500 años como mínimo.

En aquella época, se podía atravesar aquel océano (Atlántico) dado que había una isla delante de la desembocadura que vosotros, así decís, llamáis columnas de Heracles. Esta isla era mayor que Libia (África) y Asia juntas y de ella los de entonces podían pasar a las otras islas y de las islas a toda la tierra firme que se encontraba frente a ellas y rodeaba el océano auténtico, puesto que lo que quedaba dentro de la desembocadura que mencionamos parecía una bahía con un ingreso estrecho. En realidad, era mar y la región que lo rodeaba totalmente podría ser llamada con absoluta corrección tierra firme. En dicha isla, Atlántida, había surgido una confederación de reyes grande y maravillosa que gobernaba sobre ella y muchas otras islas, así como partes de la tierra firme.[72]

(…) Los alrededores de la ciudad eran llanos, suaves y planos, circundados a su vez de montañas que llegaban hasta el mar. Esta llanura era de forma oblonga y tenía por un lado tres mil estadios y dos mil en el centro desde el mar hacia arriba. Esta zona de la isla estaba de cara al viento sur, de espaldas a la constelación de la Osa y protegida del viento norte (…) alrededor de toda la llanura, su longitud era de diez mil estadios. Tras recibir las corrientes que bajaban de las montañas y rodear la llanura, llegaba a la ciudad por ambos lados y allí dejaba fluir el agua al mar.[73]

Como se observa en los Diálogos de Platón, se habla de una isla y de un continente, intercambiando constantemente la denominación, pero la ubicación no deja lugar a dudas si leemos y pensamos de manera inocente, 'delante de las columnas de Heracles', siendo que 'delante' es muy similar a la expresión

---

[72] Platón. *Diálogos VI Filebo, Timeo y Critias*, María de los Ángeles Durán y Francisco Lisi (trad.), Madrid: Gredos, 1992, p. 167.
[73] *Ibíd.*, pp. 291-292. El estadio era una unidad de medida variable para los griegos y egipcios, comprendía 600 pies, que dependiendo el tamaño del pie podía tener entre 180 a 200 metros aproximadamente.

mexicana 'derecho a topar con pared', y 'las columnas de Heracles' es como llamaban al Estrecho de Gibraltar. Actualmente, desde este punto en línea recta primero se llega a Florida, pero en esa época los niveles de agua eran distintos ya que esta última forma del continente americano se debe al choque del cometa Clovis (del que también se escribirá un poco más adelante del capítulo), que concuerda cuando Platón expresa 'en realidad era mar'.

Siguiendo la descripción de la parte continental, el relato dice que era grande como Asia y África juntos, no puede ser más que las Américas que van de polo norte a polo sur, tomando total sentido cuando se lee que 'la región que lo rodeaba totalmente podría ser llamada con absoluta corrección tierra firme'. La 'llanura oblonga' abierta al sur, es precisamente la costa sur de EUA, porque es la única gran costa este-oeste abierta al sur 'protegida del viento norte', en un continente en el que casi todas las costas van más o menos de norte-sur o están abiertas al norte. La 'desembocadura que parecía bahía con un ingreso estrecho', es la desembocadura del Mississippi al Golfo de México. La longitud 'de diez mil estadios', se refiere a la llanura aluvial del Mississippi, que 'tras recibir las corrientes que bajaban de las montañas' comprende una similar distancia desde su nacimiento en el Lago Itasca.

Fig. 4. Ubicación de la Atlántida basada en los textos de
Platón

Respecto a la descripción de la ciudad Atlántida, se menciona que había una serie de islas, y el pueblo de los atlantes se extendía por toda la inmensa llanura al Norte del área principal, es decir hacia la cuenca del Mississippi. Donde su ciudad principal estaba rodeada de canales y un florecimiento sorprendente, incluso para los mismos egipcios y griegos. También se narra que los atlantes eran muy fuertes, competitivos y querían expandir su territorio, por lo que decidieron ir a conquistar el antiguo continente, que llegaron hasta Libia y el Mar Tirreno, y que hubo que crear una gran coalición para echarlos de esas tierras.

Asimismo, dicen los egipcios y griegos que ellos dieron nombres en su propio idioma a los reyes de esta isla, pero que el primero de ellos, conservó su forma original: Atlas o Atlante, *"al mayor y rey, aquel del cual la isla y todo el océano llamado Atlántico tienen un nombre derivado".* [74] Aquí vemos la raíz nahuatl *atl* = agua, y *an* = indicación de lugar, el Océano *Atlántico.*

Cuando llegaron los conquistadores la idea fue aceptada por algunos. Así, López de Gómara escribió que *"no hay por qué discutir ni dudar de la Isla Atlántida, pues el descubrimiento y conquista de las Indias aclaran sencillamente lo que Platón escribió de aquellas tierras, y en México llaman al agua atl",* [75] el autor descarta por completo las islas europeas que en su momento se les había atribuido ser la Atlántida, en cambio apunta a que pudo haber sido alguna de las islas que recién habían conocido en el Mar Caribe.

La leyenda de los Atlantes ha estado presente numerosas veces en la cultura occidental. Homero ofrece referencias de esa cultura acuática en el Canto I de la Odisea, donde el protagonista está *"preso en la isla que circundan las olas allá en la mitad del océano. En sus frondas habita la diosa nacida de Atlante".*[76] Asimismo, el personaje mítico Atlas, el titán más feroz de todos, es quien se encuentra sosteniendo la bóveda celeste, y que ayudó a Heracles a obtener las manzanas

---

[74] *Ibíd.,* p. 286.

[75] Francisco López de Gómara. *Historia General de las Indias, I. Hispania Victrix,* Barcelona: Orbis, 1985, p. 307.

[76] Homero. *Odisea,* José Manuel Pabón (trad.), Madrid: Gredos, 1999, pp. 98-99. El autor dice que aquella hija es Calipso.

del Jardín de las Hespérides, Perseo le muestra la cabeza de Medusa y lo convierte en piedra, en el monte Atlas, una cordillera al noroeste de África, que separa las costas del Atlántico y el Mar Mediterráneo. Atlas contrasta con sus hijas *Atlántidas* que son las Pléyades y las Híades, ninfas de mar que iluminan al hombre, estrellas que guían, y así se conocieron los mapas durante mucho tiempo: atlas. Por el mismo lado, un atleta, es una persona que por sus características es fuerte, en griego *athlos* significa combate, lucha, competencia, pero no hay muchas palabras *atl* en griego que deriven a otros significados distintos.

Sin embargo, estos relatos no son los únicos elementos de los que disponemos, pues Egipto, que tiene una antigüedad mucho mayor a la que le es reconocida, también formó parte importante de ese anterior ciclo de culturas, y hay múltiples textos y estelas de piedra que lo comprueban. En la *Historiae* de Heródoto (484-425 a.C.), el autor hace el conteo de por lo menos 330 faraones que suman un promedio de 13,667 años de antigüedad. [77] Además, otros documentos amplían ese panorama, por ejemplo, el *Papiro Real de Turín* aporta una lista de los faraones y sus predecesores en que nos lleva a más de 30,000 años de antigüedad del mundo egipcio, así como *el Papiro Harris, el Papiro Ipuwer, la Piedra de Palermo, y la lista de mandatarios de Manetón.*

Heródoto en su visita a Egipto por los años 454-444 a.C., recopiló muchos datos de aquella cultura, tantos que él mismo

---

supuso que los egipcios eran más antiguos de lo que se creía, y que también pudieron existir otras culturas a la par que se quedaron atrás, en el pasado.

Ahora bien, yo no creo que los egipcios tuvieran su origen al mismo tiempo que el Delta —que es llamado «Egipto» por los jonios—, sino que existen desde siempre, desde que surgió el género humano, y que, al ir creciendo su país, hubo muchos que se quedaron atrás y muchos que fueron bajando progresivamente. [78]

También cuenta que los sacerdotes ya contaban con ideas geográficas y físicas que eran contrastantes para aquella época, por ejemplo, que se pudiera circunnavegar África, el océano no como un límite planar, la esfericidad del mundo, y sobre todo que el plano de la eclíptica, que es la curva por donde transcurre el sol alrededor de la tierra en su movimiento aparente visto desde la tierra, se había desplazado por lo menos cuatro veces. Aseguraban que durante ese tiempo, el sol había cambiado cuatro veces de posición: en dos ocasiones había salido por donde ahora se pone y en otras dos se había puesto por donde ahora sale.[79]

Para explicar esto último, cada 25,776 años aproximadamente ocurre la precesión de los equinoccios, que es un giro del eje de la rotación de la Tierra en su posición respecto al sistema planetario. Eso hace que en un determinado

---

[78] *Ibíd.*, p. 296.
[79] *Ibíd.*, p. 435.

punto del espacio, la constelación del zodiaco que aparece en ese punto cambie cada 2,148 años que corresponden a un 'gran mes', siendo 12 los que completan 'el gran año' o 'año Platónico'. Pero este movimiento está vinculado a un desplazamiento norte-sur o sur-norte del plano de la eclíptica, aumento o disminución de su ángulo que se completa aproximadamente cada 12,888 años.

Si Egipto conoció por lo menos tres de esos desplazamientos en su historia, 3x13,000=39,000, lo cual nos da una antigüedad de cuarenta mil años aproximadamente para esa cultura. Lo extraordinario es que para cuando Heródoto dio esa noticia, ningún conocimiento se tenía al respecto, y solamente la observación podía determinar semejante saber. Cidèna/Kiddinu, un astrónomo babilonio, dio la primera noticia de la precesión de los equinoccios por el año 340 a.C, pero la teoría no fue establecida hasta el año 1842 por el matemático francés Joseph Adhémar (1797-1862).

Otras pruebas que favorecen ampliar esa antigüedad de Egipto se tienen con las grandes pirámides de *Keops, Kefrén y Mikerinos.* Estas pirámides tienen la misma ubicación respecto al Nilo, que las estrellas del Cinturón de Orión tienen en proporción a la Vía Láctea.[80] Asimismo, algunos investigadores se encuentran trabajando en obtener más información acerca de la antigüedad de estas estructuras, por ejemplo, el del geólogo

---

[80] La arqueoastronomía ha estado muy interesada en este "bajar el cielo a la tierra", es decir, repetir en la tierra las posiciones relativas de las constelaciones, equinoccios y solsticios, pero con las posiciones del momento en que se construyeron, por ejemplo en *Tiahuanaco* en los Andes Centrales y *Angkor Wat* en Camboya. ''

de la Universidad de Boston Robert M. Schoch (n. 1957), quien apunta que tan sólo la Gran Esfinge tiene más de 7,000 años, y la Pirámide de Keops con seguridad es más antigua de lo que se cree.

Igualmente es importante pensar a un nivel antropológico. Si el *homo sapiens* abandonó África hace unos 300,000 años, estuvieron en Indonesia desde hace 60,000, y en el Pacífico y América desde hace 40,000, perfectamente pudo haber existido un ciclo de culturas en el que Egipto tuviera cerca de 45,000 años de antigüedad, y en el que hace 13,000 años hubiera varias florecientes culturas en el mundo, incluyendo el continente americano.

Por ejemplo, en la mitad de la década de los ochenta se encontraron unas estructuras sumergidas cerca de la Isla de Yonaguni Japón, siendo la pirámide el descubrimiento más famoso. Posteriores investigaciones comprobaron que estas estructuras se encuentran a lo largo de las Islas Ryukyu, con una antigüedad de más de 10,000 años o quizá desde una glaciación anterior.[81] En estas estructuras se aprecian glifos y a un nivel mayor geoglifos que se conectan con puntos del complejo y otros lugares como Taiwán.[82] Los geoglifos que se derivan de pirámides y estructuras, dan conexiones a través del globo a partir de ejes, ángulos y formas que determinan lugares

---

[81] M. Kimura, "Ancient megalithic construction beneath the sea off Ryukyu islands in Japan, submerged by post glacial sea-level change," *Oceans '04 MTS/IEEE Techno-Ocean '04 (IEEE Cat. No.04CH37600)*, 2004, pp. 947-953 Vol.2,
Doi: 10.1109/OCEANS.2004.1405617.
[82] Véase The Faram Research Foundation, disponible en:
http://www.thefaramfoundation.com

importantes de la Tierra, lo que plantea que la civilización humana es muchísimo más antigua. [83] Así, además del continente Americano hay pirámides de ese pasado que ahora se encuentran encubiertas como montañas en Bosnia, Indonesia, Tibet, China, Rusia, Japón, e incluso en la Antártida; estas construcciones antiguas a lo largo del mundo responden a otro ciclo de civilizaciones.

En ese sentido, nosotros creemos que en ese intercambio y flujo por el mundo ancestral, pudieron haber sobrevivido otros indicios además de la arquitectura, por ejemplo, aspectos culturales, tecnológicos, y lingüísticos. Por ejemplo, la palabra para designar a Dios, en nahuatl *teotl* y en griego *theos*, consideramos que no es una coincidencia que haya prevalecido el término en dos 'lugares opuestos'.

A propósito de las reminiscencias del ciclo anterior de culturas, Heródoto relata que estuvo en una inmensa construcción egipcia, que los griegos llamaron 'el Laberinto', que por su complejidad lo dejaron más asombrado que las mismas pirámides, y que quizá fue el modelo simbólico para otros laberintos del Mediterráneo, como el del Minotauro. Este inmenso edificio de 385 por 245 metros fue construido a lo largo de 365 años, en un complejo con pirámides que emergían de un lago, y con una antigüedad de 6,600 años. Constaba esencialmente de una planta baja con 12 patios, la mitad distribuida al norte y la otra al sur, y un sótano con un total de 3,000 habitaciones, la mitad repartida en cada nivel. La planta baja pudo ser visitada por Heródoto, no así el sótano, que era

---

[83] Véase Arthur Faram. *The Ancients: Secrets of the old world*, 2020.

de paredes móviles, constituyendo un verdadero laberinto donde quien se extraviara, podía incluso morir.

> *Pues los egipcios encargados de ellas no quisieron enseñárnoslas bajo ningún concepto, aduciendo que allí se encontraban las tumbas de los reyes que ordenaron el inicio de las obras de este laberinto y las de los cocodrilos sagrados.*[84]

En la tríada que personifica a la deidad egipcia Ptah, el cocodrilo representa la incubación que sigue a la vida después de la muerte, *"es el emblema de las tinieblas de la muerte que fueron vencidas"*,[85] es decir, los elementos antiguos. También le dijeron que ahí había un enorme recinto o círculo de oro, donde estaba (y probablemente está) un *Libro de los muertos* que contenía toda la información acumulada y los objetos que guardaron de un conjunto anterior de culturas que abarcaba el mundo entero.[86]

Cabe destacar que para los egipcios de ese entonces Ptah (que Heródoto lo relaciona con Hefestos) es la deidad creadora de la humanidad, designado en algún momento como el Demiurgo, creador o Dios, y patrono de Menfis, la primera capital de Egipto, y en donde está el Laberinto. De esta manera

---

[84] Heródoto, *op. cit.*, p. 442.

[85] Ernest Alfred Wallis Budge. *El libro egipcio de los muertos. El Papiro de Ani, del Museo Británico*, Buenos Aires: Kier, 2004, p. 112.

[86] Otros investigadores como el arqueólogo y egiptólogo de la Universidad de Yale Mark Lehner (n. 1950) y la Profesora Bettany Hughes (n. 1967) aseguran que ese libro también está situado debajo de la Esfinge, teoría propuesta por Edgar Cayce (1877-1945).

tenía la denominación *Het-Ka-Ptah* (el templo del espíritu de Dios), *"que en babilonio se leía Hikuptah, del que es posible que se derive, a través del griego Aigyptos, el nombre de Egipto"*.[87] Por un lado similar, los vocablos *Aha Men Ptha* (el primer corazón de Dios) se deformó en *Ahmenptha*, que finalmente derivó en *Amenti*, que es la región poniente, asociada al viaje de la barca solar, a la muerte, al pasado, o bien más allá del Atlántico, es decir a la Atlántida.

Este antiguo edificio que asombró a Heródoto más que las Pirámides, fue considerado una de las grandes maravillas del mundo egipcio, y está ubicado en *Hawara*, cerca de una pirámide más reciente y a la orilla de un antiguo e inmenso lago que los egipcios habían excavado como reservorio y regulador de las aguas del Nilo, y con una longitud de seiscientos kilómetros, tan inmenso que los árabes le llamaron *Al Fayum*, el mar. Hoy solamente hay un canal, pero la excavación es difícil pues toda la zona es pantanosa. En el año 2008 una expedición de la Universidad de Gante, Bélgica, inició la excavación, pero fue abandonada por razones económicas, y posteriormente por la inestabilidad política de Egipto.[88]

Aquí cabe que nos preguntemos, ¿qué terminó con ese ciclo mundial de culturas? Hasta hace unos años el único indicio

---

[87] Heródoto, *op. cit.*, 280.

[88] Véase *Mataha Expedition Hawara* 2008, consultado el 10 de enero de 2017, disponible en:
http://www.labyrinthofegypt.com/ghent-university-kunstzicht.html
Véase Ghent University/Kunst-Zicht. *Labyrinth of Egypt com Hawara 2008 - Mataha Expedition*, consultado el 20 de noviembre de 2017, disponible en:
https://issuu.com/yago1/docs/labyrinth_of_egypt_com__hawra_2015

era el que aparecía en esos *Diálogos* de Platón, donde los griegos creían que:

> *Tras un violento terremoto y un diluvio extraordinario, en un día y una noche terribles, la clase guerrera vuestra se hundió toda a la vez bajo la tierra y la isla de Atlántida desapareció de la misma manera, hundiéndose en el mar. Por ello, aún ahora el océano es allí intransitable e inescrutable, porque lo impide la arcilla que produjo la isla asentada en ese lugar.*[89]

¿Qué cataclismo había podido ocurrir para que un mar de esas dimensiones dejara de ser navegable? Hoy lo sabemos. Hace unos doce o trece mil años, el cometa Clovis chocó contra la tierra.[90] Estas evidencias del cometa y de las civilizaciones antiguas se manifiestan en los Pozos de Brea en Los Ángeles, California. Es un lugar en donde se han quedado atrapadas las partículas de ese cataclismo y otros restos que comprueban los asentamientos humanos, la flora y la fauna del lugar; incluso se han encontrado dardos de *atlatl*.

El impacto de este objeto cósmico fue de dimensiones catastróficas, el cometa se fragmentó y sus restos fueron localizados en el Lago Cuitzeo en México, Quebec, Canadá, y en un cráter de Groenlandia.[91]

---

[89] Platón, o*p. cit.*, p. 168.

[90] Nombrado así por el conjunto de pueblos que habitaba en América del Norte, de los más antiguos del continente.

[91] Para más información de los estudios del Clovis en el Cuitzeo, véase: Lorenzo Martínez Medina. *"Hallazgo en México respalda la teoría del impacto extraterrestre", CienciAcierta, Revista de divulgación científica, humanística de*

En el primer momento, este impacto causó una brutal liberación de energía que derritió todos los hielos Laurentinos, situados aproximadamente en la zona de los Grandes Lagos americano-canadienses. Fusión catastrófica que en el Norte significó una masiva llegada de agua dulce al Océano Ártico, misma que cambió todas las corrientes marinas y el clima de la tierra; en el Sur arrasó con el Valle del Mississippi y con toda la cultura de los atlantes. Por eso ese Mar Caribe-Golfo de México dejó de ser navegable, tal como se relata en los Diálogos de Platón.

El choque de este cometa causó un desequilibrio atmosférico planetario, un desierto generalizado de quinientos años y un descenso de la temperatura de hasta quince grados centígrados que duró mil quinientos años, y que hizo bajar varias decenas de metros el nivel de los mares. La tierra estaba empezando a salir de su última glaciación hace quince mil años, y dos o tres mil años después ocurrió esta catástrofe, que es conocida como *Younger Dryas* o *Dryas Reciente*, nombre derivado de la flor de los fríos *Dryas Octopetala*.

Nuestro universo y por ende nuestro sistema planetario están plagados de objetos amenazadores, y aún dentro del carácter azaroso de esta clase de eventos, hay cierta

---

la Universidad de Coahuila, año 8, número 30, abril 2012. Consultado el 18 de mayo de 2017, disponible en:
http://www.posgradoeinvestigacion.uadec.mx/CienciaCierta/CC30/11.html
Para los estudios del impacto del cometa en Groenlandia, véase:
Paul Voosen. "Massive crater under Greenland's ice points to climate-altering impact in the time of humans," *American Association for the Advancement of Science*, 14 noviembre 2018. Consultado el 20 de noviembre de 2018, disponible en:
https://www.sciencemag.org/news/2018/11/massive-crater-under-greenland-s-ice-points-climate-altering-impact-time-humans

periodicidad. Así, un suceso como el del asteroide de *Chicxulub* en Yucatán, que terminó con los dinosaurios, ocurre aproximadamente cada 65 millones de años (mismos que ya han transcurrido desde ese evento), uno como el que terminó con la Atlántida ocurre aproximadamente cada trece mil años, y uno como el de *Tungusca*, cada siglo más o menos; por cierto, los dos últimos eventos meteóricos han caído en Rusia en el 2013.

Es relevante mencionar que en los acontecimientos que desató el Clovis, se pueden encontrar catástrofes naturales simbolizadas por los cuatro elementos antiguos: la tierra agredida por el choque pavoroso del aerolito, el viento inconmensurable producido por el brutal desplazamiento de las masas, el fuego descomunal a causa de la inmensa temperatura surgida de la pasmosa liberación de energía, y el agua en la inundación tremenda que barrió con todo lo que encontró a su paso, hacia el Ártico y hacia el Mar Caribe-Golfo de México.

Cuando los aztecas hablaban de la destrucción del cuarto sol por las aguas, claramente se referían a este evento, pues guardaban la memoria a partir de sus ancestros. Aún hoy, este suceso de inimaginable poder rebasa la experiencia de cualquiera de los seres humanos en el planeta.

Para concluir este capítulo, los aztecas sabían que sus orígenes partían de los atlantes, pueblo perteneciente al ciclo anterior de culturas. En el siguiente apartado se detalla aún más las relaciones y orígenes de Aztlan.

El origen de los Aztecas

Reminiscencias Atlantes, culturas mississippianas y la ubicación de Aztlan.

Como se ha mencionado, los relatos de la Atlántida hablan de una isla y de un continente. Es lógico pensar que si hubo partes sobrevivientes de esa cultura hayan migrado a otros lados, que se pudieran encontrar sus rastros en vestigios arqueológicos, en la sociedad, en su política, o bien en su lenguaje. Respecto a esto último, hay algunos investigadores que desacreditan esta teoría.

Pero Aztlán no es nunca un país cerca del mar o más allá del mar. Este dato echa por tierra las especulaciones de la literatura popular sobre una relación entre Aztlán y la Atlántida. El parecido entre las dos palabras es meramente casual, porque Aztlán es una auténtica palabra Azteca, "el país del color blanco", es decir el país del amanecer o de los tiempos primeros.[92]

Otros autores sí se aventuran a plantear que los orígenes de la cultura azteca pudieran estar más allá de lo que suponen las teorías tradicionales. Se han roto los límites del actual territorio nacional mexicano para dar crédito de los

---

[92] Walter Krickberg. *Las antiguas culturas mexicanas*, México D.F.: FCE, 1961, pp. 42-43.

adelantos, hazañas e interconexiones de las culturas del pasado.

En efecto, en el noreste de Estados Unidos así como en el noroeste de México, en las vertientes de los ríos Gila, Colorado y Yaqui existen Valles, cuya extensión y condiciones geográficas son ideales para el desarrollo de la agricultura. Fue aquí sin duda, donde tuvo asiento la cultura náhuatl primaria que fue ocupando la franja costera del Pacífico de los estados de Sonora, Sinaloa y Nayarit conforme la población fue creciendo. [93]

De esta manera, nuestras investigaciones apuntan también a algo distinto, ya que una de esas migraciones tiene que ver con los acontecimientos del capítulo anterior, partiendo de las siguientes condiciones:

1. Aztlán no es la Atlántida, sino que los nahuas y en especial la cultura azteca tenían una herencia cultural derivada de ella.
2. Hay reminiscencias antropológicas y culturales que hilan la continuidad de la cultura Atlante con la cultura azteca.

---

[93] Odile Roger, y Ernesto H. Turner. *Organización Económica y Social de los Aztecas y Culturas que les Precedieron*, México: UAM, 1993, p.53.

3. Es posible que esas condiciones culturales también vinculen otras civilizaciones y pueblos de América, teniendo un origen común.

Respecto al primer punto, es lógico pensar que si la Atlántida se hundió no es posible que los Aztecas hayan vivido en esa época, porque los documentos que sustentan la peregrinación hacia México-Tenochtitlán dicen que Aztlan era próspera, es decir era un lugar posterior al esplendor de la Atlántida. No obstante, sí nos quedan muchas evidencias de las reminiscencias Atlantes a lo largo de la zona.

En América hay un indicio que es afinadamente coherente con las descripciones de Platón. El arqueólogo británico Augustus Le Plongeon (1825-1908) tradujo el Códice Troano (Madrid), y encontró una historia dinástica que dejaron los mayas. En el país de las colinas de Mu, ocurrieron terribles terremotos, y al estar confinada la tierra se hundió y se elevó en distintas zonas, finalmente la superficie desapareció durante la noche. *"Al disco circular del Sol, coronado de llamas rojas, hundirse en el reino de la noche ú otro mundo, representado otra vez por la gran serpiente, ya completa, que eleva sus aguas sombrías".* [94]

En la parte superior de la lámina 30 del Códice se observan los conocidos símbolos del mundo de los muertos, y otros elementos aún sin descifrar del todo. Posteriormente Le

___

[94] Mario Roso de Luna. "La ciencia hierática de los mayas, contribución para el estudio de los Códices Anáhuac", *Boletín de la Real Academia de la Historia*, tomo 58, 1911, p. 455. Consultado el 20 noviembre de 2019, disponible en: http://www.cervantesvirtual.com/nd/ark:/59851/bmc4m9m4

Plongeon y su esposa Alice Dixon (1851-1910) comenzaron a formular teorías de que los habitantes de la Atlántida tenían vínculos con los mayas, y cuando ocurrió el desastre regresaron a Yucatán. Por las fechas es difícil saber que pudieron haber convivido con la sociedad maya del preclásico, aunque quizá sí con los pobladores que ya se encontraban en aquellos momentos en el llamado 'período arcaico'. Dichos ingleses describen a la Atlántida como una civilización muy adelantada. *"En la isla vivieron una época de gran esplendor y desarrollo que coincide en el tiempo con la historia que conocemos por Platón. Quince años antes del cataclismo que hundió a la Atlántida"*. [95]

Si bien Plongeon situaba a la Atlántida en el Océano Pacífico, los puntos de conexión que nos interesan para esta investigación son la similitud de la historia entre el Códice Troano y el Critias, precisamente los fenómenos naturales que acabaron con la isla, terremotos, lluvias e inundaciones nocturnas. De hecho, Platón cuenta que cuando se hunde la Atlántida, no era la primera vez que pasaban estas anomalías climatológicas: *"Una noche de lluvia torrencial erosionó toda la tierra que la rodeaba y la dejó desnuda, pues hubo terremotos unidos a un gran diluvio, el tercero antes de la destrucción en época de Deucalión"*. [96]

A lo largo del Critias, se detallan las características de la Atlántida, una civilización acuática que los griegos relacionaron

---

[95] Romina España y Carolina Depertis. "Utopía y arcadia en los relatos de Alice Dixon Le Plongeon", *Estudios de Cultura Maya*, 2011, vol.38, pp.121-144. Consultado el 22 de noviembre de 2019, disponible en: http://ref.scielo.org/ydxfvs
[96] Platón. *Diálogos VI Filebo, Timeo y Critias*, María de los Ángeles Durán y Francisco Lisi (trad.), Madrid: Gredos, 1992, p. 283.

con Poseidón, el dios de las aguas. Era una isla perfectamente organizada y abundante, estaban provistos de lo necesario tanto en la ciudad como en el resto del país. Originalmente, en el centro de la isla había una gran llanura con vista al mar y también una montaña baja, había dos fuentes subterráneas, una de agua caliente y otra de agua fría. Partiendo del centro construyeron el templo principal y alrededor del mismo una serie de 5 anillos perimetrales bien proporcionados, alternando porciones de tierra y de mar. Posteriormente, la isla se dividió en 10 partes, y en un inicio 5 pares de gemelos se encargaron de gobernar cada una de estas secciones, y todos partían de una confederación. Todo el complejo se vinculaba por medio de canales y puentes, en estos últimos había torres de cada lado, y luego amurallaron circularmente todo el complejo, constituyendo una verdadera fortaleza. Construyeron palacios, jardines, puertos, y tenían distintos edificios para funciones gubernamentales y de recreación. Los puertos estaban llenos de barcos que comerciaban con toda la zona, de día y de noche. Tenían una abundancia en metales, siendo el oricalco el que apreciaban además del oro.

Por otro lado, en la colosal llanura que recibía el viento del sur, tenían muchos vecinos, aldeas, ríos, lagos, pantanos, bosques y prados que servían de alimento para los animales domésticos y silvestres, de los cuales destacan los elefantes y los toros.[97] Habían modificado la llanura en un gran rectángulo dividido en sesenta mil distritos. Realmente eran una gran

---

[97] Que cronológicamente perfectamente pueden ser los mamuts y los bisontes americanos.

civilización, *"la cantidad de hombres de la montaña y del resto de la región era innumerable; todos estaban distribuidos en estos distritos y asignados a jefes según las zonas y las aldeas"*.[98] Como imperio poseían una gran cantidad de riquezas, hacían sacrificios de animales, y eran muy apegados a su ética. Su administración era estricta, para cada juicio juraban seguir sus propias leyes, y lo hacían mediante consenso. No permitían que la embriaguez nublara su juicio, puesto que creían en la virtud y en la felicidad. Finalmente, el texto termina diciendo que después de mucho tiempo cayeron en la soberbia, y que Zeus tomaría acciones al respecto.

Entonces, se puede concluir que existía la isla como una ciudad central en el mar, que fue la que se hundió, y a la par una serie de pueblos aledaños en las costas, así como otros asentamientos más hacia las montañas, y con seguridad a lo largo de Mississippi, como casi siempre ocurre en los ríos de abundancia de todo el mundo.

De esta manera, nuestras investigaciones apuntan a que al estallar esta catástrofe, pudieron sobrevivir algunos habitantes de esas periferias, otros refugiarse en las zonas aledañas del Mississippi y del Golfo de México, y el resto esparcirse a puntos más lejanos donde hubiera las condiciones para poder establecerse, es decir, del otro lado del continente hacia el Pacífico; entonces quizá pudieron haber sembrado pequeñas partes de su cultura.

En el caso de los grupos mayoritarios que llegaron a la costa del Pacífico tenemos la evidencia del idioma, ya que las

---

[98] Platón, *op. cit.*, p. 293.

lenguas *yuto-aztecas o yuto-nahuas* (*uto-aztecas o uto-nahuas*) comprenden un amplio y extendido conjunto de culturas y pueblos que abarcan desde el noroeste de EUA hasta Centroamérica.[99] Incluso hay autores que sostienen que esa familia parte directamente de los territorios de lo que hoy es el sureste de EUA, y que las subfamilias representadas por idiomas *"aún se continúan hablando en territorio de los Estados Unidos"*.[100]

Fig. 5. Desarrollo territorial entre culturas Yuto-aztecas,
del Mississippi y agrícolas

---

[99] Leopoldo Valiñas, "Yutoaztecas", *Arqueología Mexicana*, Ciudad de México, edición especial núm. 85, abril 2019, p. 25
[100] Miguel León-Portilla, "Investigaciones etno-lingüísticas entre hablantes de náhuatl y otras lenguas yuto-aztecas", *Estudios de Cultura Náhuatl*, Ciudad de México: UNAM, núm. 15, 1982, p. 12.

La mayoría de las migraciones de América se han planteado de norte a sur, desde el Estrecho de Bering hasta la Patagonia. En México estas peregrinaciones parecen haberse prestado por razones climáticas, por ambas costas del país, dando lugar también a numerosos asentamientos. Sin embargo, también hay que pensar en los establecimientos que se extendieron a lo largo del norte de EUA.

Actualmente, las teorías de los asentamientos humanos han cambiado mucho, ya que se pensaba que el poblamiento en América pudiera haber comenzado hace 13,000 años, sin embargo las actualizaciones comprenden que estas fechas pudieran ser del doble de años. Así, la antigüedad de los vestigios arqueológicos atribuidos a los pre-Clovis se cuestionan, Page-Ladson y Saltville entre 13,000 a 14,500 años, Cactus Hill, Topper y Buttermilk Creek entre 14,500 y 16,000 años, y en Sands National Park entre 23,000 años. En este último lugar, a partir de los análisis de las huellas fósiles, indican la presencia humana en América del Norte durante aproximadamente dos milenios durante el último periodo glacial al sur de la barrera migratoria creada por las capas de hielo al norte. *"Este momento coincidió con un evento de calentamiento abrupto del hemisferio norte, el evento 2 de Dansgaard-Oeschger, que bajó los niveles del lago y permitió que los humanos y la megafauna caminaran sobre superficies recién expuestas".* [101] Si la supervivencia humana se pudo dar en catástrofes climáticas anteriores, quizá las del Clovis pudieran

---

[101] Bennet, M. *et al.* Evidence of humans in North America during the Last Glacial Maximum, *Science,* September 24, 2021, vol. 373, 6562, pp. 1528-1531. DOI: 10.1126/science. abg7586

haber tenido similar suerte, y la humanidad pudo haber continuado habitando en estos lugares.

Fig. 6. Posible conexión entre la Atlántida y otras culturas

Los vestigios arqueológicos que llaman mucho la atención son los complejos de basamento y escalinatas centrales, que son los elementos que constituyen a los recintos mesoamericanos. En el *Woodland period* (periodo silvícola) de los EUA, los constructores de montículos predominaron desde Ontario hasta el Golfo de México. Así, encontramos que en la *Mississippian culture* también posicionaban al maíz como una fuente importante de su agricultura, así como al comercio que comprendía desde las Montañas Rocallosas hasta el Golfo de México, y a una estructura de gobierno bien establecida.

Existen numerosos montículos que son interesantes por su contexto, sin embargo, destacan *The Caddo Mounds* en Texas a la mitad del Mississippi, *The Toltec Mounds* en Arkansas, la estructura circular en *The Miamisburg Mound* en Ohio, al norte *The Aztalan Mounds* en Wisconsin, *Town Creek Indian Mound* en North Caroline, *Spiro Mounds* en Oklahoma y el *Monks Mound* en Missouri. Esta última es la estructura más grande y preservada de los Cahokia, con una altura de 30 metros y una base casi rectangular de 240x290m, en un complejo donde se distinguen los ejes que conforman construcciones y plazas.

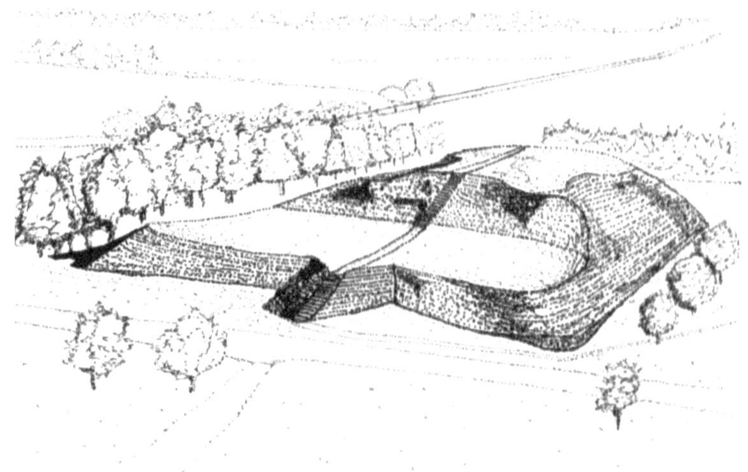

Fig. 7. Monks Mound, Cahokia

Tenemos la hipótesis de semejanza del trabajo metalúrgico, que al igual que los Atlantes con el oricalco, los Cahokia producían y trabajaban el cobre. Quizá, los Atlantes subían por el Mississippi para comerciar con los pueblos del norte del continente. Otro dato interesante es la similitud de los gemelos, ya que el *gorget de concha* encontrado en *Spiro Mound* muestra a los héroes gemelos.

El mito de los gemelos como fundadores y héroes de civilizaciones, es otro elemento que vincula a los Atlantes y que se encuentra a lo largo de todo el continente americano. Por ejemplo, en Norteamérica los Wabanaki de Canadá tienen a Gluskap y Malsumis; los Hidatsa en las Dakotas a Lodge-Boy y Thrown-Away; en Montana los Apsaróka con los gemelos sagrados Curtain-Boy y Spring-Boy; los Caddo del sureste de EUA con *Village Boy* y *Wild Boy;* los Mayas con Hunahpú e Ixbalanqué; desde luego los Aztecas con Quetzalcóatl y Xolotl (aunque este último algunos autores lo sustituyen por Tezcatlipoca). En el Caribe se encuentran Makunaima y Piai; los Cariban de las Antillas Menores, Amalivaca y Vochi; los Tahínos tienen a Jukihú y Juracán. En América del Sur, los Bakairi de Brasil con los hermanos Keri y Kame; los Kaliña a los gemelos hijos del Sol; los Ava Guaraní tienen el ciclo de los gemelos, alegoría entre la naturaleza sagrada y el ser humano.

Otro elemento simbólico importante que vincula a las civilizaciones en América es el águila, y otras aves. El águila calva y el águila real en Norteamérica, el quetzal en Centroamérica, y el cóndor en Sudamérica. En todos los casos son símbolos de fuerza, sabiduría, libertad, la palabra, del sol y lo sagrado. Asimismo, en varios de estos pueblos se fumaba la pipa de paz para concretar tratos, un momento de convivencia para hacer las paces.

Algunos investigadores creen que muchos pueblos de Norteamérica tuvieron intercambios de todo tipo con las culturas mesoamericanas, incluso *"que tal vez esas culturas migraron hacia México para fundar las grandes civilizaciones Aztecas y Mayas"*.[102] Asimismo, se piensa que las culturas del sur se extendieron hacia Georgia y Carolina del Norte en busca de oro y de agricultura, lo cual es muy posible si se explora a detalle la cultura de los Pee Dee y otros complejos como el *Town Creek Indian Mound*, que son también parte de esa cultura de constructores de montículos. Posteriormente, otras estructuras fueron construidas y atribuidas a los pueblos iroqueses, por ejemplo con los *Cherokee* en *Kittuwa* y *Nikwasi*. Por el mismo lado, los *Calusa* de Florida hacían sus montículos de conchas y las usaban como materia prima y de intercambio comercial. Por cierto, en el 2015, se encontró la ofrenda 126 en el Templo Mayor dedicada a *Tlaltecuhtli,* que incluía cerca de 4,000 elementos marinos en los que se incluían conchas y moluscos provenientes de ambas costas del Atlántico y del Pacífico, de lugares como El Caribe, Florida, Las Antillas, Venezuela, Ecuador, Panamá y Brasil.[103]

Los vínculos de las culturas de Norteamérica, mississippianas y las de Mesoamérica pudieron ser de tipo comercial, por tierra y por agua, lo cual lleva a replantear la edad y conocimiento que se tiene de ellas, como previamente se ha

---

[102] Véase Timothy R. Pauketat. *Cahokia: Ancient America's Great City on the Mississippi,* Penguin library of American Indian history, 2009.
[103] INAH, *Ofrenda dedicada a Tlaltecuhtli manifiesta la expansión mexica,* Viernes 09 de Enero de 2015. Consultado el 5 de enero de 2020, disponible en: https://www.inah.gob.mx/boletines/375-ofrenda-dedicada-a-tlaltecuhtli-manifiesta-la-expansion-mexica

mencionado, ya que ese 'período arcaico' quizá esta vez sí sea muy antiguo, más de lo que se atribuye. Ya en el siglo XV los derivados del yuto-azteca se habían extendido, al igual que las culturas mississippianas que tenían nexos con otras tribus nativo-americanas, asentándose en zonas fértiles ideales para la agricultura en ambas costas, en la llamada Oasisamérica.

Los herederos que nacen del yuto-azteca y que aún existen en el área, se consideran tribus valiosas para el mundo, solo por mencionar a algunos: *Paiute, Shoshoni, Hopi, Pima, Yaqui,* más al sur los *Tepehuan, Rara'muri, Kiowas* y *Mayos.*

El cultivo del maíz y el algodón fueron otros rasgos que vincularon Mesoamérica con las culturas del norte, pero también los elementos arquitectónicos y urbanos. Por ejemplo, los *Hohokam* y *Anasazi* en Arizona, los *Zunis, Hopis* y otros pueblos *"tenían un temprano urbanismo y juegos de pelota desde unos ochocientos años también después de Cristo".* [104] En el área de *Hohokam* se encontró una escultura similar a un *Chac Mool,* identidad asociada a la lluvia en Mesoamérica.

Otros paralelismos se dan con algunos artefactos y joyería, por ejemplo, un raspador de obsidiana de Spiro Mounds, Oklahoma, demuestra que el material es originario de Pachuca, Hidalgo, México. [105] Igualmente con estilos pictóricos, mitos, rituales, es decir en su cosmovisión e ideología; al menos así lo

---

[104] Miguel León Portilla. "Aztlán: ruta de venida y de regreso", *Letras libres,* año 7, núm. 83, 2005, pp. 35-40.
[105] Véase Alex Barker et al. "Mesoamerican Origin for an Obsidian Scraper from the Precolumbian Southeastern United States," *American Antiquity,* 67, 2002, pp. 103-108.

sostiene la antropóloga Alice Kehoe (n. 1934) de la Universidad Marquette de Wisconsin. [106]

Entonces, ¿de dónde vienen los Aztecas? Tradicionalmente, es conocido que comenzaron a emigrar desde algún lugar del norte. Fray Diego Durán (1537-1588) narra en las *Historias de las Indias de Nueva España,* cómo fue la partida de esas 7 tribus *nahuatlaca* originales que salen del *Chicomoztoc* para poblar las regiones del sur: *Xochimilca, Chalca, Tepaneca, Culhua, Tlahuica, Tlaxcalteca y Azteca*, los últimos en partir después de las tierras de *Aztlan* y *Teoculuacan*.[107]

Aquí cabe destacar que existe una controversia entre estos tres lugares: *Aztlan, Chicomoztoc* y *Teoculuacan,* siendo este último interpretado como *Culhuacán.* Los cronistas opinan que se habla de un mismo lugar, otros opinan lo contrario, Sahagún, Boturini y Durán desde el lado europeo mantienen sus diferencias, al igual que desde el lado mexicano como Fernando de Alva Ixtlilxóchitl (c.1568-1648) y Fernando Alvarado Tezozómoc (c. 1530-1610), siendo éste último quien ofrece la ubicación de estos 3 lugares en *Yancuic México*, es decir en Nuevo México.[108] Por otro lado, el antropólogo Paul Kirchhoff (1900-1972) propuso que el Culhuacán es el Cerro Culiacán en

---

[106] Véase Alice B. Kehoe. "Wind Jweles and Paddling Gods: The Mississippian Southeast," *Gulf Coast Archaeology: The Southeastern United States and Mexico,* N.M. White (ed), Gainesville: University Press of Florida, 2005, pp. 260-280.

[107] Diego Durán. *Historia de las Indias de Nueva-España y islas de Tierra Firme, Volumen 1,* José Fernando Ramírez, Gumesindo Mendoza (trad.), México: J.M. Andrade y F. Escalante, 1807, p. 16.

[108] Fernando Alvarado Tezozómoc. *Crónica Mexicayotl,* 3ª. Edición, México: UNAM, Instituto de Investigaciones Históricas, 1998, p. 25.

Guanajuato, y que el *Aztlan* estuvo en el Lago Yuriria en el mismo estado.

Sin embargo, hay un relato en el capítulo XXVII de las Historias de las Indias de Nueva España de Diego Durán, que nos ofrece mucha información para poder determinar la ubicación de estas tierras.

A mitades del siglo XV, *Moctezuma Ilhuicamina* mandó una expedición a *Aztlan* desde *Mexico-Tenochtitlán* para saber de los antepasados y sobre todo de la gran *Coatlicue*, madre de *Huitzilopochtli,* siendo este último quien les había guiado en toda su peregrinación. *Tlacaelel,* quien era el *Cihuacoatl,* le aconsejó que en lugar de enviar guerreros puesto que no iban a conquistar tierra alguna, enviara 'encantadores', ya que el terreno era de difícil acceso, con arbustos y árboles espinosos, piedras puntiagudas, y que las aguas tenían grandes *xarales,* testimonio que corroboró su historiador real *Cuauhcoatl.* Así partieron 60 de estos chamanes con obsequios valiosos, joyas, elegante ropa de mujer, plumas, cacao, y otros presentes. Primero llegaron al *Coatepec* (cerro de las serpientes) en *Tula*, y después hicieron un ritual que los transformó en animales. Al llegar a la ribera de *Culhuacan* (cerro tuerto) tomaron la forma de hombres, y efectivamente éste se hallaba en medio de una laguna, había canoas, granjas, calzadas encima del agua, y personas que hablaban su mismo idioma. También había cañaverales, lagos, alisos, abrojos, fauna variada, patos, garzas, cuervos marinos, gallinas de agua, y pájaros con cabezas amarillas. Al enterarse de la noticia, un guía los condujo al cerro donde se hallaba *Coatlicue*, éste era arenoso y ellos se hundían a cada paso, a excepción del guía lugareño, un anciano que les decía que su comida no era buena y por eso eran pesados, además dicho cerro tenía la propiedad de rejuvenecer a medida que uno subía o bajaba del mismo. Al llegar a la cima salió *Coatlicue*, una mujer anciana con aspecto harapiento, que permanecía en ayuno por la partida de su hijo *Huitzilopochtli*. Los mensajeros le explicaron todo lo sucedido, y entregaron los presentes, ella mandó unas prendas para los organizadores de la expedición. Los comisionados la invitaron a ir a Mexico-Tenochtitlan, ya que los caminos de la costa, del mar y de toda la tierra se habían abierto. Ella dijo que seguiría esperando a su hijo puesto que así lo había profetizado, además que gente extranjera iría donde estaba la nueva capital, y que serían echados de sus tierras, para que ellos volvieran a su lugar de origen, así envió zapatos y otras vestimentas para los organizadores de la expedición. [109] Ellos regresaron de la misma manera que salieron, se convirtieron en animales, llegaron al *Coatepec*, pero notaron que faltaban 20 de sus compañeros que posiblemente fueron devorados por otros animales, y fueron directamente con Moctezuma. El viaje duró 10 días de ida y 8 de regreso, para un trayecto de 300 leguas. Cabe destacar que había diferentes tipos de leguas en aquella época, estas andaban entre 4 a 7 km por unidad, en esta primera parte de la investigación se toma el mínimo, promediando

---

[109] Con esta profecía de Coatlicue, Moctezuma I anticipaba que habría una invasión, la cual cobró sentido con Moctezuma II y los *tetzahuitl* o presagios que habría de experimentar antes de la llegada de los españoles, estos se mencionan en el capítulo Los Huey Tlatoque de este libro.

1,300km aproximadamente entre *Tenochtitlan* y *Aztlan,* que es una zona intermedia entre los territorios fronterizos entre México y EUA.

De este relato y de otras fuentes, nuestras investigaciones parten de que la zona es *Aztlan,* que hay un cerro de *Culhuacan*, y un lugar de cuevas *Chicomoztoc*, por lo que no son exactamente el mismo lugar, sino que pudieran están cerca uno del otro, y así también lo comprueba la Tira de Peregrinación. En la primera lámina se observa cómo se desplazan en canoa para ir al *Culhuacan*, y aún deben caminar, justamente como es la narración de la expedición de Moctezuma. En esta tira se observa a Huitzilopochtli en oración, personaje central de la migración de los aztecas, representado la sabiduría, muy distinta a la que tradicionalmente se cuenta, la guerra.

Fig. 8. Lámina 1 de la Tira de la Peregrinación. Códice Boturini

Continuando con el relato de la expedición, *Coatlicue* los recibió en la cima del cerro, no en las cuevas, ni en el pueblo. Asimismo, nuestras investigaciones plantean la ubicación de estos 3 lugares con base en los siguientes factores: las descripciones del medio físico natural, la flora, la fauna de Aztlán, y la distancia desde el Templo Mayor al Coatepec, [110] y de éste a la zona de destino. A continuación, se muestran las opciones.

Desde el *Templo Mayor* al *Coatepec* son unos 100km, es decir quedan 1200km más a recorrer. Caso 1, hacia el norponiente quedan las montañas del Municipio de Ahome, Sinaloa, siendo que llega un brazo de mar a manera de laguna en el ejido de Bacorehuis. Caso 2, si se sigue sobre ese mismo eje que viene del *Templo Mayor* al *Coatepec* se llegan a las *Chinati Mountains* en Texas. Caso 3, hacia el nororiente en línea recta se arriba al *White Lake Wetlands Conservation Area*.

¿Por qué nos aventuramos a pensar que *Aztlan* se ubica cerca del mar? A nivel lingüístico, el nahuatl posee una astucia incomparable, designan el nombre de esa región del norte usando la raíz para agua que es 'a', y se encuentra presente simbólicamente en varias palabras, elementos de organización, y origen de su cultura. Por ejemplo, en el *Anahuac* (cerca del agua o del mar), en la política y como módulo urbano está el *altepetl* (agua, cerro montaña), en el *Culhuacan* es representado emergiendo del agua, y además en el relato de Moctezuma se

---

[110] En el 2014 el investigador Fernando López Aguilar anunció que descubrió el Coatepec en el Valle del Mezquital. El cerro es el Huatepec, que se encuentra a 35 km de la Zona Arqueológica de Tula y a 30 km. de la Zona Arqueológica de Pahñú.

habla de que se "han abierto los caminos de la costa y del mar". A nivel contextual, porque la flora y fauna de pantanos, los bosques ribereños, la abundancia de las garzas, son más comunes en el medio marino que en el desierto del norte. A nivel histórico, porque se mantiene la vinculación con los Atlantes y su tradición con las culturas acuáticas de esa zona. De hecho, otro documento posterior narra que los Aztecas parten del 'agua divina' y que confirma que no fueron los primeros en salir de ahí, *"no fueron (ellos) los que primeramente vinieron a salir por donde se parte el mar, pues cruzaron cuando se dividió, se separó el mar, también llamado agua divina"*.[111]

De esta manera, el Caso 3 se considera más viable. En el White Lake, la caza y pesca siguen siendo prolíferos, y aún se preservan las garzas blancas. La zona es plana, pero también se presentan pequeños montículos y terrenos inclinados. Más al norte se encuentran algunas cuevas en el *Kisatchie National Forest,* y otros 50 km más pasando el Mississippi está *The Tunica Hills Wildlife Management Area.* En ambos lugares el paisaje es de abundante vegetación, todavía se conservan cascadas y la tierra es blanca.

---

[111] Cristóbal Del Castillo. *Historia de la venida de los mexicanos y otros pueblos e Historia de la Conquista,* Federico Navarrete Linares (trad.), México: CONACULTA, Cien de México, 2001, p. 30.

Fig. 9. Posibilidades de la ruta de la expedición a Aztlán, basándose en las 300 leguas que menciona Fray Diego Durán

Cuando *Huitzilopochtli* convoca a los 7 barrios para ir a *Chicomoztoc*, es importante tener en cuenta que las cuevas representan muchos elementos elementales del mundo mesoamericano, por ejemplo, la conexión con la tierra, la fertilidad, la abundancia y lo místico. También es significativo mencionar que los Aztecas fueron los últimos en partir, después de casi 100 años para algunos, y otros opinan que ya eran una cultura de por lo menos 1,000 años.

Del lado simbólico se destaca que, en el reino de los Atlantes, los gobernantes eran gemelos. Por el lado azteca, quien guía a la humanidad para formar el Quinto Sol es *Quetzalcóatl* con su gemelo *Xólotl,* reviviendo a los humanos de los restos óseos de los antiguos muertos, y derramando su propia sangre para darles vida.[112] Otras relaciones que se tienen con los Atlantes es la predominante inclinación por ampliar las rutas comerciales, la conformación de confederaciones, la distribución política por distritos o *calpulli*, el sentido de su ética, el sacrificio, el uso del color blanco en la ciudad, y desde luego la cultura acuática y su divinización.

Nuestras investigaciones sitúan a los aztecas como herederos de la cultura acuática de los Atlantes, esos que Platón relacionó con Poseidón y que ellos dedicaron a *Tlaloc* uno de los *Teocalli* gemelos en el corazón de su última capital. Igualmente, lo manifestaron en la planeación urbana de todos los lugares en donde estuvieron. Empezando con *Aztlan* que tenía canales y calzadas sobre el agua, muy cerca del mar, exactamente como *Mexcaltitan*, Nayarit, que tiene esa similar distribución, sólo que del lado del océano Pacífico, pero claramente orientada de norte a sur. También, *la Quemada,* Zacatecas, que durante mucho tiempo se había creído que ahí era el *Chicomoztoc*, todavía permanecen algunos cuerpos de agua que hacen juego con los ejes que marca la ciudad. Otro caso es el mismo *Coatepec*, cuando Huitzilopochtli mandó a que desviaran el río para que el agua llenase el llano y se asemejara a una laguna, y así su gente pudiera tener una imagen más clara de la tierra prometida, se asentaron y construyeron un *altepetl.* Finalmente, a su llegada a Mexico-Tenochtitlan, se repite el patrón, pero la esencia es la misma, una isla en medio de una laguna con un urbanismo marcado por los 4 puntos cardinales, salvo que este es el mejor

---

[112] Jacques Soustelle. *El universo de los aztecas*, J.J. Martínez y J.J. Utrilla (trad.), Ciudad de México: FCE, 2012, p. 52.

paradigma del cual ellos tenían recuerdo del pasado y que maravillosamente lograron plasmar. Incluso dispusieron las torres a lado de los puentes móviles, justo como en la Atlántida, y separaron las aguas dulces y saladas.

Por sus construcciones y artes, destaca su paso por Tula como ya se ha mencionado, aquí era tanta la influencia de los Toltecas, que también hicieron una evocación escultórica en muchas zonas de *México-Tenochtitlan*, por ejemplo, en las imágenes de las banquetas del Recinto de los Guerreros Águila, donde los Atlantes son imitados en casi todos sus elementos, el *atlatl* (arma que impulsaba dardos), el pectoral de mariposa, la posición, etc.

Asimismo, se puede establecer una liga con otros lugares en los que los Aztecas estuvieron antes de su establecimiento final, debido a los vestigios que los vinculan. Por un trayecto distinto y para ir en búsqueda de tierras prósperas, se les vincula al sureste de EUA en las tierras agrícolas de Oasisamérica, en la región que Diego Durán denomina *Çibola*; de ahí bajando por la costa del Pacífico, en el llamado señorío de *Aztatlan* entre Nayarit y Sinaloa, que recuerda el lugar de origen, y que a su vez ellos comerciaban con las zonas del sudoeste de EUA; en Michoacán, donde se asearon, tomaron agua del Pátzcuaro y siguieron su camino;[113] en *Malinalco*, y en *Coatepec*, donde algunos sitúan que nació *Huitzilopochtli*, a pesar de que los dirigía desde el *Aztlan*.

---

[113] Según la *Crónica Mexicayotl,* es aquí donde dejan a sus compañeros que se habrían de convertir en los michoacanos, algunos que se quedaron jugando con el agua.

Igualmente, del otro lado, en el Golfo de México. En el estado de Tamaulipas, hay algunos sitios que los expertos han reconocido que forman parte del paso de los yuto-aztecas, y no necesariamente por la cultura huasteca influenciada por los mayas, por ejemplo, *El Sabinito* y el *Balcón de Moctezuma*

Todos estos descubrimientos permiten ampliar el horizonte de los asentamientos de las culturas del norte en Mesoamérica, replantear lo que sabemos de ellos y preguntarnos lo que nos falta por descubrir.

¿Por qué aztecas además de mexicas o tenochcas?

Muchas opiniones en el tema se tienen, y el punto en donde existe mayor acuerdo es que los aztecas son los que provenían del *Aztlan,* la tierra del norte. Con esta lógica, Diego Durán concuerda en que *Aztlan* es el lugar de la blancura, o el lugar de las garzas, y que así se les llamaba a esas naciones, aztecas. Sin embargo, también están las hipótesis de los epónimos de sus personajes importantes. Así como los romanos tomaron el nombre de los gemelos fundadores Rómulo y Remo, los mexicanos también hicieron un tipo de mezcla. En el caso de *Mecitin* que quiere decir Mexicanos, en honor a *Meci* quien era un sacerdote que los guiaba y que se vinculaba a Huitzilopochtli. [114] Igualmente con *Tenoch*, a quien se le atribuía estar desde la partida del *Chicomoztoc*, otros lo relacionaron con *Tenochtli,* quien fue el último de los *Cuāuhtlahto*, y a quien *Acamapichtli* (1366-1387) honró al bautizar el nombre de la Ciudad Tenochtitlán. También, *Tenuchca / Tenoxca* que quiere decir los poseedores del tunal. [115]

Algunos sostienen que cambiaron su nombre cuando se asentaron en el Coatepec, basta recordar que Huitzilopochtli había dado la orden de desviar el agua para que tuvieran una idea del futuro hogar que les esperaba, quienes se quedaron en

---

[114] Diego Durán. *Historia de las Indias de Nueva-España y islas de Tierra Firme, Volumen 1*, José Fernando Ramírez, Gumesindo Mendoza (trad.), México: J.M. Andrade y F. Escalante, 1807, p. 19.
[115] *Loc. cit.*

ese lugar perdieron su nombre, los que siguieron hasta el final se llamaron *mexica*. Argumento que resulta contradictorio para nuestras investigaciones, porque sabiendo lo estrictos que eran, no podrían conservar su nombre de aztecas al caer en el conformismo de una tierra que no les era destinada.

Otro punto que da origen al término *mexica* se da en una versión distinta del origen de partida, donde los aztecas que gobernaban en *Aztlán* eran la clase más alta, y los *macehualtin* eran *"los mexicas cuando eran ribereños y vasallos",* [116] entonces *Tezcatlipoca* les ordenó que salieran de esas tierras en busca de unas propias.

Por otro lado, en el Códice Aubin se describe al sacerdote *Huitzil* que recibiendo órdenes de *Huitzilopochtli* les dijo, *"ahora ya no será vuestro nombre el de aztecas, vosotros seréis Mexicas, y allí les embijó las orejas".* [117] Torquemada complementa esta historia, escribiendo que aquel sacerdote también les dijo que debían separarse de las demás tribus *nahuatlaca.*

Los conquistadores generalmente usaban los términos de 'habitantes de México, mexicanos, y mexicas'. Así, a inicios del siglo XIX ésta última palabra empezó a reemplazar a la de aztecas. No obstante, el Dr. Miguel León-Portilla (1926-2019) escribió que en muchos documentos, libros e investigaciones de ese mismo siglo, aún permanecía el término Azteca, pero

---

[116] Cristóbal Del Castillo. *Historia de la venida de los mexicanos y otros pueblos e Historia de la Conquista,* Federico Navarrete Linares (trad.), México: CONACULTA, Cien de México, 2001, p. 30.
[117] *Apud* Miguel León-Portilla. "Los Aztecas disquisiciones sobre un gentilicio", *Estudios de cultura Náhuatl,* Ciudad de México: UNAM, núm. 31, 2000, p. 309.

simultáneamente el de México. De esta manera se empezó a hacer una diferenciación poco antes de la Independencia de México, los habitantes del país eran mexicanos, *"y el del antiguo pueblo que había fundado la ciudad de México, proveniente de Aztlán, al que se le atribuyó el gentilicio de Aztecas".* [118] Posteriormente a este momento el término parecía querer evitarse, quizá como una estrategia política para dar forma a un nuevo nacionalismo donde México, sus mexicanos y mexicas cobraran fuerza, y que el término azteca evocara un pasado que podía caer en el olvido.

Al adentrarse en el estudio de las culturas mesoamericanas, el término mexica comenzó a utilizarse para los habitantes de México-Tenochtitlán, pero al excluir a otras tribus se usó también el de *Nahuas*, que incluía a los demás hablantes del idioma nahuatl y que vivían en el *Anáhuac*.

Miguel León-Portilla, Eduardo Matos (n. 1940), y José Alcina (1922-2001) propusieron el término de *Aztecas-Mexicas* para una exposición en el Museo Arqueológico de Madrid, y como una propuesta de rectificación del término; esto pareciera ser una opción para identificar aquellos períodos y su estudio.

Sin embargo, nuestra postura es un poco distinta, al establecer el término azteca como aquellos que partieron de *Aztlan* y que a su vez continuaron su cultura en México-Tenochtitlán, esto a partir de fundamentos en la literatura, tradición existente, y sobre todo de su pensamiento.

Evidentemente los términos de *azteca, mexica, tenochca,* mexicanos, dependen de distintos momentos de la

---

[118] *Ibíd.,* p. 311.

historia de México y de sus lugares de origen. Algunos los usaban indistintamente, en cambio otros sí hacían esa especificación, por ejemplo, los habitantes de Tenochtitlán eran *tenochca*, los de Tlatelolco eran *tlatelolca*, pero al formar parte de la *Excan Tlahtoloyan* o Triple Alianza eran *mexica-tenochca, mexica-tlatelolca* si eran de Tlatelolco, pero todos en conjunto eran mexica, al igual que la gente de los barrios.

Ese sentido de pertenencia aún continúa en el siglo XXI, en la exhaustiva especificación del gentilicio. Por ejemplo, alguien que nace en el Estado de Veracruz, bien puede sentirse cómodo que lo llamen veracruzano, pero también jarocho, y si nació en Xalapa bien acepta el de xalapeño o jalapeño, y no deja de ser mexicano. Ese orgullo de herencia que caracteriza a los mexicanos incluso trasciende las barreras internacionales, habiendo mucha gente que nunca niega sus orígenes, y que a pesar de tener otra nacionalidad muy lejana, se sigue considerando miembro del lugar en donde nació, así aquel jarocho-neozelandés se sentirá grato formando parte de ambas culturas. Las expresiones de 'mi tierra, mi pueblo, ir a morir a mi tierra', confirman ese regreso a casa, al origen.

Esta es un situación que todavía persigue a los habitantes de la Ciudad de México, porque aún no tienen una certeza agradable de cómo denominarse. Anteriormente, la capital al ser el Distrito Federal, se decían defeños, pero también chilangos, luego esto último pasó a denominarse para las generaciones anteriores que habían migrado a la ciudad y que sus hijos habían nacido en la capital, y todavía algunos alegan que debe haber por lo menos tres generaciones para llamarse chilangos. Al convertirse otra vez en Ciudad de México en el 2015, sigue sin existir una identificación con los términos de citadomexiquense, centromexiquense, o popularmente cedemexiquense; esta situación viene arrastrándose desde los tiempos de la conquista. Es interesante que la gente de provincia, sigue diciendo 'voy a México' para ir de visita a la Ciudad de México, siendo que ellos también forman parte de 'México' como país.

En el caso de los aztecas, para comprender su sentido de pertenencia, primero es necesario entender la sutileza de su pensamiento, expresado también en el lenguaje nahuatl, que como ya se ha visto puede ser muy sencillo pero a la vez muy complejo simbólicamente. Ciertamente, ellos tenían una medida del tiempo y una noción del momento, por lo tanto, desde una perspectiva exterior y también interior se les conocía como montañeses, serranos, *chicomoztoca, aztecas, chichimecas, azteca-chichichimeca, aztaxochitl* (de suave olor por la etimología de las flores en Aztlan), *atlaca-chichimeca* (salvajes lacustres), *azteca-mexititn,* que quiere decir mexicano, *"como más claro decir al lugar manantial de la uva, así Mexi, como si del Maguey saliera manantial, y por eso ellos ahora llamados mexicanos".*[119]

Nótese la complejidad de su pensamiento múltiple en la unicidad que permite todas esas posibilidades de integración. La evidencia de ese pensamiento complejo lo tenemos cuando anexaban a los otros pueblos a su administración, pudiendo

---

[119] Hernando Alvarado Tezozómoc. *Crónica Mexicana,* Manuel Orozco (notas), México: Leyenda, 1944, p. 7.

incorporar o no las deidades a su panteón (*pántheion si* se le quiere llamar así); o cuando ellos tenían muchos nombres para designar al Dios Creador; o que se les conociera con tantos nombres, y que los aceptaran; o que su ciudad máxima tuviera más de 60 topónimos. ¿Cómo una cultura podría anexar tantos nombres y conceptos ajenos a su cultura? ¿Cómo una civilización permitía que se les llamara de distintas maneras?

Sencillamente creían en la multiplicidad de su pensamiento, así como en la diversidad cultural, por eso cuando anexaban a su gobierno a los otros pueblos les permitían conservar su cultura e ideología, siempre y cuando estuviese basada en el comercio, puntos de encuentro políticos, y que estuvieran en un camino concreto de lo que ellos consideraban bienestar. Si bien en el mundo mesoamericano no existía una noción de nación como la conocemos, los aztecas se acercaban mucho a ella. No es casualidad que Durán hable de las 'naciones en esas tierras de Aztlán' porque eran muchas, y que de alguna forma todos ellos *"eran de una congregación o parcialidad y parientes y salieron de aquella sétima cueva debajo del amparo de un dios que los guiaba y todos hablaban una lengua"*.[120]

Entendiendo esa multiplicidad, es posible que comprendamos por qué permitían tener muchos nombres, conceptos duales, un lenguaje sutil, sencillo y complejo, el uso de difrasismos, y emplear el significado honorífico de un concepto-palabra, incluso cuando a una cultura del siglo XXI como la nuestra no pudieran tener mucho sentido. Así, cuando un artesano era excelso lo honraban con el nombre de *tolteca,*

---

[120] Diego Durán, *op. cit.,* p. 21.

al líder de los *tlamacazqui* (sacerdotes) le llamaban *Quetzalcoatl*, ambos términos *tolteca* y *Quetzalcoatl* sin confundirlos con otros y empleándolos adecuadamente según el contexto. Al 'vicepresidente' le llamaban *cihuacoatl* (mujer serpiente incluso cuando fuese un hombre). En el caso del difrasismo, va más allá de un concepto metafórico, explica la realidad y su cosmovisión, por ejemplo, *In matlalacin tozpalac* (en el agua cian, en el agua amarilla), designa el centro o principio; *In chalchihuitl, in maquiztli, in teuxihuitl* (la cuenta de piedra verde, la ajorca, la turquesa fina), significa la creación divina preciosa; pero *chalchihuitl* también se vincula con la sangre de los sacrificios, el agua preciosa, el agua de la vida. También en el simbolismo, *Huitzilopochtli* que es el colibrí zurdo, era un guerrero resucitado del sur, pero que también uno de sus símbolos fuese el águila y el sol, que si bien sale por el este, a su posición lo relacionan con el medio día. Quizá podríamos entender estas situaciones como contradicciones; pero son complejidades de su pensamiento no estático que se refleja en un metalenguaje.

Entonces, ¿la ciudad qué tiene que ver con todo ello? La sitúan en el justo medio de sus conceptos, siendo que *metzli* = luna y *xictli* = ombligo, *"México sería, así, "(la ciudad que está) en medio (del lago) de la luna"*,[121] que a su vez concuerda con la etimología de *"Mexica que es plural de Mexicatl, un mexicano"*;[122] donde nuevamente el *atl* está presente, y no

---

[121] Jacques Soustelle. *La vida cotidiana de los aztecas en vísperas de la conquista,* Carlos Villegas (trad.), Ciudad de México: FCE, 1970, 2014 (ed.), p. 19.
[122] *Ibíd.*, p. 246.

conforme con ello le agregaron *Tenochtitlan* para recordar a *Tenoch* y su gran migración desde el norte.

Todas estas situaciones nos hablan de un pensamiento no-lineal. Sin embargo, sabemos que ellos mismos se nombraban aztecas aun viviendo en *México-Tenochtitlan*, esto *"en recuerdo de Aztlán, mítico punto de partida de su emigración– sólo se consideraban los herederos de las brillantes civilizaciones que les habían precedido"*. [123] Es decir, que aquéllos que se consideraban miembros de ese legado ancestral, sucesores de toda esa gran tradición, del lenguaje, de lo acuático (que como ya se comentó el azteca está ligado históricamente, etimológicamente y físicamente al agua), de la tecnología, aquellos que tenían la descendencia sanguínea o simbólica, todos ellos se hacían llamar azteca, no sólo para honrar a sus ancestros, sino también para perpetuar la cultura que les habían heredado en el amplio sentido de la palabra.

---

[123] *Ibíd.*, p. 10.

PARTE III

TEOLOGÍA Y COSMOVISIÓN
DE LOS AZTECAS

Teología

Monoteísmo y atribuciones. Divinidad en sus ancestros, en el ser humano y en la naturaleza. Cosmogonía. Poesía de los atributos y expresiones de Dios.

No podemos hablar propiamente de una religión azteca, ya que la visión de religar tiene una denotación separatista, y ellos no se conceptualizaban como entes distanciados de su Creador, sino que tenían una comunicación directa, por ejemplo en la danza, o bien se consideraban como co-creadores cuando hacían el sacro-oficio, cuando concebían a un bebé, o producían arte, ciencia u otro conocimiento benéfico.

Para comprender la fe de este pueblo azteca tenemos que sumergirnos en su teología, y en primer lugar, debemos entender el carácter monoteísta de su fe. Los aztecas llamaban de múltiples formas a su Dios, muy similar a los judíos, según sus atributos.

Nombre	Significado / Propiedades
Omeyocan	La primera causa.
Olomris	De quien emana la existencia.
Hivenani o *Iwinawi*	El dispensador de dicha.
Ixtepa	El Creador
Nidaniuhca o *Nepaniuka*	El que consiste en una sola mónada, el que media o sintetiza.
Tloque Nahuaque	Señor de lo cercano y lo lejano.

Ometeotl	Dios Dos, Dios Dual. El Creador Autocreado.
Ipalnemohuani	El Dador de la Vida o el Creador.
Moyocoyatzin	El que se inventa a sí mismo.

Este último atributo de Dios es fundamental, *Moyocoyatzin,* el que se inventa a sí mismo, porque nuevamente nos confirma la calidad de su pensamiento no-lineal ni estático: Concebir a Dios no como un ser terminado y completo, sino que constantemente está en movimiento, evolucionando, inventándose. Esta visión fue contraria a la que traían los europeos, sobre un Dios infinito pero ya terminado, completo, estático y lejano, con quien para poder comunicarse era necesario un intermediario, tener un don específico, o bien ser elegido para entablar una relación estrecha pero que derivara en una compleja vida de castidad, castigos, y un dolor inicial de la existencia que trae el pecado de la existencia, es decir, por el simple hecho de nacer.

Los aztecas encontraron que Dios al inventarse a sí mismo, lo hace a través de su entera creación, especialmente a través de sus seres. De ahí que adquirieron la responsabilidad asertiva de seguir inventándose y co-creando junto con Dios por medio de los múltiples procesos creativos que conlleva vivir una vida. Esto también permite entender que su relación con Dios es de naturaleza personal, por lo que no había intermediarios, por lo tanto, no había una religión como tal. Tenían ritos que reforzaban sus ofrendas, el sacro-oficio que era su expresión máxima de entrega, cantos, oraciones y otros elementos como cualquier cultura mundial. Sin embargo, los sacerdotes y sus líderes tenían otras funciones como aconsejar, guiar, sugerir, pero nunca suministrar, mesurar o determinar una vía exclusiva para expresar su fe, esto último refuerza por qué conservaban 'las deidades y creencias' de los otros pueblos anexados, claro, sólo si estas acciones no perjudicaran la vida o sus propias creencias, como anteriormente se ha dicho.

La idea de un monoteísmo en los aztecas había estado presente con algunos frailes, al reconocer una fe tan amplia y genuina con la que llevaban su vida, pero también les fue difícil entender su pensamiento al querer contextualizarlo con la cultura occidental. Así, para la arqueóloga Eulalia Guzmán Barrón (1890-1985), *"la religión azteca era en realidad un monoteísmo basado en la fe de Ipalnemohuani, Aquel por el que Vivimos"*.[124] Para la investigadora, este pensamiento no fue del todo entendido, sufriendo deformaciones, exageraciones y generando vacíos de información muy valiosos.

> *En realidad se creía en un dios único, el Ipalnemohuani, el sustentador de la vida; no podía representársele porque estaba más allá de los atributos. Se le concebía como dios dos con el nombre de Ometecuhtli (ome, dos; tecuhtli, señor), es decir masculino-femenino, que en un acoplamiento constante produce la vida, la naturaleza. En los cantos se le llama el dador de la vida. Los múltiples dioses son sus*

---

[124] Benjamin Keen. *La imagen azteca en el pensamiento occidental*, Juan José Utrilla (trad.), México D.F.: FCE, 1984, p. 489.

manifestaciones, las fuerzas naturales, o los aspectos de ella.

Sobre esto hay una confusión enorme causada por la incomprensión de los primeros frailes que quisieron hacer de esa religión una interpretación pagana griega sin lograrlo porque nada tiene que hacer con el pensamiento occidental. De las creencias, así como de las prácticas se hizo burda mezcolanza de mitos y de dioses.[125]

Asimismo, Miguel León-Portilla planteó la posibilidad de una mezcla entre distintos substratos, siendo que en el plano del pensamiento *"había una escuela filosófica muy antigua que afirmaba el principio cósmico dual y aun pensadores aislados que se acercaban al monoteísmo".*[126] El autor destaca que hubo un proceso de racionalización del politeísmo popular que derivó en una especie de monoteísmo dual, del cual los *tlamatinime* (sabios) en busca de la verdad lo encontraron en una metáfora filosófica-poética y como explicación de la existencia.

Surgió en el plano filosófico la metáfora suprema de Ometéotl, el dios de la dualidad, el inventor de sí mismo, generación-concepción cósmica, dueño

---

[125] Guzmán, Eulalia. *Relaciones de Hernán Cortés a Carlos V sobre la invasión de Anáhuac. Aclaraciones y rectificaciones por la profesora Eulalia Guzmán,* Ciudad de México: Instituto Nacional de Estudios Históricos de las Revoluciones de México, INEHRM, 2019, p. 181.

[126] Miguel León-Portilla. *La filosofía náhuatl estudiada en sus fuentes,* Ángel María Garibay (pról..), Ciudad de México: UNAM, Instituto de Investigaciones Históricas, 2017, p. 17.

del cerca y del junto, invisible como la noche e impalpable como el viento, origen, sostén y meta de cosas y hombres. Porque ¿qué "flor y canto" más elevado pudiera pensarse para expresar el origen del universo que el verlo como el resultado exterior de una misteriosa y continua fecundación en el seno mismo del principio dual?

Él es simultáneamente "madre y padre de los dioses"; allá "en su encierro de turquesas, en las aguas color de pájaro azul, es el que mora en las nubes, en la tierra y en la región de los muertos, el señor del fuego y del año", aquél "en cuya mano está el Anáhuac". El espejo de la noche y el día, que ahúma e ilumina a las cosas: que les da verdad y las hace desvanecerse "en la región del olvido". [127]

Dentro de nuestras investigaciones, nuestra postura es un poco diferente, ya que ciertamente la dualidad es una clave para entender este monoteísmo, pero no estamos de acuerdo que ese conocimiento haya sido exclusivo de una determinada clase social, ya que esta manifestación espiritual dual también se encuentra en la vida cotidiana. Tanto que se ejemplifica en la meritocracia, la ofrenda, en los logros, con los *tlamatinime* o sabios, con seres humanos que adquirieron un revestimiento *quasi* divino para ayudar al mundo y a los otros planos de su cosmovisión, y viceversa, seres altamente desarrollados que estuvieron en el mundo para ayudar a la humanidad.

---

[127] *Ibíd.*, pp. 377-378.

Así hubo un hombre llamado *Huitzilopochtli*, como un *Tlaloc*, o bien un *Quetzalcoatl* en distintos momentos, desde la representación de la serpiente-emplumada, o bien el tolteca *Ce Ácatl Topiltzin Quetzalcóatl*, un paradigma de soberano del reino de Tula.

> *Este Quetzalcóatl, aunque fue hombre, teníanle por dios y decían que barría el camino a los dioses del agua y esto adivinaban porque antes que comienzan las aguas hay grandes vientos y polvos, y por eso decían que Quetzalcóatl, dios de los vientos, barría los caminos a los dioses de las lluvias para que viniesen a llover.*[128]

Además, había mujeres, algunas que ya se han mencionado, pero vale la pena saber que forman parte de esos ejemplos de ayuda en el mundo, como *Tzapotlatena*, inventora de la resina medicinal *uxitl; Chalchiuhtlicue*, hermana de la lluvia; *Toci*, la abuela de los temazcales y la sanación; *Chicomecoatl*, de la subsistencia de los alimentos y bebidas; *Tlazolteotl* patrona de la pasión, la sexualidad, el embarazo, entre otras atribuciones y manifestaciones; y desde luego *Cihuateteotl* las mujeres que morían en el parto.

Ese respeto y devoción igualmente la encontraban en la naturaleza. Al concebir un universo de seres y no de cosas, hacían ofrendas a los atributos de *Olomris,* a través del mar, la tierra, las flores, las montañas, etc. No escatimaban en

---

[128] Bernardino de Sahagún. *Historia general de las cosas de Nueva España,* Ángel María Garibay (anotaciones), México: Porrúa, 2016, p. 30.

reconocer que todo lo que el mundo da al ser humano es motivo de agradecimiento, esta es una característica de muchos pueblos ancestrales a lo largo del planeta, que aún persiste en los pueblos de México y en otras partes del globo. Evidentemente, la mayoría de los cronistas no supo interpretar este enorme respeto.

> *Todos los montes eminentes, especialmente donde se arman nublados para llover, imaginaban que eran dioses, y a cada uno de ellos hacían su imagen según la imaginación de ellos… También la imagen del volcán que se llama Popocatépetl y la imagen de la Sierra Nevada (Iztaccíhuatl); y la imagen de un monte que se llama Poiauhtécatl (El Pico de Orizaba), o de otros cualesquiera montes a quien se inclinaban por su devoción.* [129]

De esta manera los aztecas incorporaban a su reconocimiento y devoción a la naturaleza, a sus ancestros, a las personas que hacían actos honorables, descubrimientos importantes y que contribuían al desarrollo de la sociedad, con mucho respeto y sin por ello confundir su monoteísmo con otras manifestaciones y expresiones de su Señor *Iwinawi*, el dispensador de dicha. La idea es similar a la que tienen los hebreos con los *qadoš*, y los católicos con los santos.

Otra prueba de su monoteísmo se da a través de su poesía, que es una excelsa síntesis de las características de su

---

[129] *Ibíd.*, p. 47.

lenguaje y pensamiento, misma que dejaremos para el final de este capítulo.

Profundizando más en su concepción de la dualidad. Los aztecas concebían también a Dios como *Ometeotl*, el Creador Autocreado, compuesto de *Ome* = dos, y *téotl* = Dios; así es, éste último igual que en griego. Eso no implica que se trate de un Dios doble, sino de aquél que se manifiesta de manera dual, sin que las dos partes tengan la misma naturaleza ni el mismo destino. Así puede manifestarse como espacio-tiempo, casual-causal, masculino-femenino, día-noche etc.

En cuanto a su cosmogonía, era precisamente su carácter masculino-femenino el que los determinaba, pues *Ometeotl* dio lugar a *Omecihuatl* (dualidad femenina), y a *Ometecuhtli* (dualidad masculina), pareja primordial que reside en el último de los niveles de sus cielos, en donde hay viento frío y delicado. De su fecundidad nacieron todas las deidades, lo que existe, y desde luego, el ser humano. Aquí hay un punto que se debe destacar, a esta pareja la consideraban la autoridad suprema, pero *"se habían convertido en algo semejante a los reyes, que reinan pero no gobiernan"*, [130] porque cedían sus atribuciones a otras identidades, además de que les permitía a los humanos tener un libre albedrío en el mundo terrenal.

De esta pareja surgieron cuatro hijos que cargaban fuertes simbolismos:

- *Tezcatlipoca Rojo, Xipe Tótec, Tláloc.* Agua, este y sol levante.

---

[130] Jacques Soustelle. *La vida* cotidiana… *op. cit.*, p. 19.

- *Tezcatlipoca Negro o Tezcatlipoca.* Tierra, norte, cielo nocturno.
- *Tezcatlipoca Blanco o Quetzalcóatl.* Aire, oeste, ocaso.
- *Tezcatlipoca Azul o Huitzilopochtli.* Fuego, sur, sol de mediodía.[131]

Sin embargo, el conjunto celestial, entendido como manifestaciones *del Huei Nelli Teotl* o el Único Dios Verdadero, reflejaba su realidad histórica y geográfica, pues también contenía sus deidades nómadas, de los Toltecas de su etapa sedentaria y agrícola, y las de los diferentes pueblos del imperio que se iban incorporando.

Las ofrendas principales que son las que se llevaban en el sacrificio estaban consagradas a ese Dios único. Así lo narra la muerte del hombre líder *Huitzilopochtli*, que después de 52 años de haber salido del origen les encomendó esto a su gente:

> *Por lo que siempre se ofrendarán ante él. Y al ofrendar ante él se extenderá por el cielo el movimiento, el Sol, irá a mostrar su resplandor a diario el único dios, el Tloque Nahuaque, gracias a quien vivimos, el dueño del cielo y de la tierra.* [132]

También se dirigían a Dios como *Intonan, Intota, Huehuetéotl* (madre nuestra, padre nuestro, viejo Dios), o

---

[131] *Ídem. El universo de los aztecas, op. cit.,* p. 100.
[132] Cristóbal Del Castillo. *Historia de la venida de los mexicanos y otros pueblos e Historia de la Conquista,* Federico Navarrete Linares (trad.), México: CONACULTA, Cien de México, 2001, p- 111-113.

Intonan Intota Tlaltecuhtli Tonatiuh (a nuestra madre y a nuestro padre, la Tierra y el Sol). [133] Concepción de Dios madre y padre que contrasta con la visión moderna de un Dios solamente masculino, pero que las personas de fe profunda conocen. Por ejemplo, Juan Pablo I (el Papa que sólo tuvo un mes de papado), quien en una ocasión manifestó que Dios era tanto madre como padre, y que de hecho, era más madre que padre; [134] conocimiento místico profundo y genuino que provocó descontentos en la curia vaticana.

Si bien hay una parte de los investigadores de los aztecas que niegan que fueran monoteístas, es precisamente en su poesía donde se hace evidente que generalmente son los diferentes nombres de Dios los que aparecen en ella, sus atributos, pero estas personas alegan que ese monoteísmo se daba sólo en la poesía, y que este arte era exclusivamente aristocrático, no de la gente en general.

En primer lugar, no estamos de acuerdo que la poesía perteneciera sólo a la nobleza. En segundo lugar, en la poesía se manifiesta su devoción monoteísta. En tercer lugar y mucho más importante, tenían textos religiosos que eran leídos por todas las personas en las diversas circunstancias de la vida: nacimiento, bautismo, paso a la adolescencia, matrimonio, enfermedad, fallecimiento, confesión (que se hacía una sola vez en la vida, en general *in articulo mortis*), basta con leer los

---

[133] Jacques Soustelle, *La vida cotidiana… op. cit.,* p. 102.

[134] Papa Albino Luciani, Juan Pablo I. *Dios es padre; más todavía madre,* Radio Vaticana, Ángelus, 10 de septiembre de 1978. Consultado el 4 de noviembre de 2017, disponible en: http://es.radiovaticana.va/storico/2012/11/09/ «diosespadremástodav%C3%ADamadre»_papa_albino_luciani, _juan_pablo_i/spa-637209

Huehuehtlatolli para darse cuenta que se mencionaba a Dios por sus atributos y no por sus manifestaciones, es decir que solamente a Dios se mencionaba, con lo cual se tiene la evidencia de que todos ellos eran monoteístas, y que tenían acceso a la palabra escrita, no solamente la élite aristocrática.

En el siguiente texto, se aprecia un fragmento de la exhortación con el que el padre instruye a su hijo para que viva bien:

Gracias al Señor Nuestro, acaso estarás de pie, acaso vivirás en la tierra. Que en paz, con alegría vengas a estar, vengas a desarrollarte. No con precipitación, no sin consideración colócate junto, al lado del Señor Nuestro para que se compadezca de ti.

Y que Él lo sepa, que todavía Él te ponga a prueba, aprecie tu valor pues es Dios, es Señor, es un gran protector, es amparador, es poderoso. Porque Él Dios, es tú misma madre, tu padre, mucho se esmera para cuidar bien de ti, para amarte mucho más de lo que yo te amo a ti, que soy tu madre, tu padre.

Puesto que ÉL lo dijo, lo pensó, lo determinó, por esto tú has vivido, por esto tú has nacido. No lo olvides en el día ni en la noche. Ve invocándolo, ve rogándole, ve suspirando, ve afligiéndote. No hagas con tranquilidad el sueño, el reposo. No decaiga tu rostro, tu corazón respecto de Él, el Señor Nuestro, porque es tu padre, porque Él te formó.[135]

En la siguiente obra de Nezahualcóyotl, que se titula *Alegraos*, se pone en manifiesto la felicidad que se tenía por la naturaleza, el arte y los atributos de su Creador.

Xon ahuiyacan

Ica xon ahuiyacan ihuinti xochitli,
tomac mani.
Ma on te ya aquiloto xochicozquitl.
In toquiappancaxochiuh,
tla celia xochitli,
cueponia xochitli.
Oncan nemi tototl,
chachalaca, tlatohua,
hual on quimati teotl ichan.
Zaniyo in toxochiuh
ica tonahuiyacan.
Zaniyo in cuicatl

ica on pupulihui in amotlaocol.

In tepilhuan ica yehua,
amelel on quiza.
Quiyocoya in Ipalnemohua,
qui ya hual temohuiya Moyocoyatzin,
in ayahauilo xochitli,
ica yehua amelel on quiza.

---

[135] *Huehuehtlatolli. Testimonios de la antigua palabra.* Miguel León Portilla (ed.), Librado Silva Galeana (trad.), México: CONACULTA, Cien de México, 2017, p. 281.

Alegraos

Alegraos con las flores que
embriagan,
las que están en nuestras
manos.
Que sean puestos ya
los collares de flores.
Nuestras flores del tiempo
de lluvia,
fragantes flores,
abren ya sus corolas.
Por allí anda el ave,
parlotea y canta,
viene a conocer la casa de
Dios.

Sólo con nuestras flores
nos alegramos.

Sólo con nuestros cantos
perece vuestra tristeza.
Oh señores, con esto,
vuestro disgusto se disipa.
Las inventa el Dador de la
vida,
las ha hecho descender
el inventor de sí mismo,
flores placenteras,
con esto vuestro disgusto
se disipa. [136]

Igualmente, en este otro canto que Ángel María Garibay nos ofrece, donde se observan los contrastes de la vida, una que por cierto nos recuerda la naturaleza del *Tlalticpac,* 'el mundo es resbaladizo', así el autor hace una entrega total, a un Ser creador que lo escucha, que es amigo y que en su obra encuentran alegría.[137]

---

[136] León-Portilla, Miguel. *Trece poetas del mundo azteca,* México: UNAM, Instituto de Investigaciones Históricas, 1978, 2016, pp. 74-75.

[137] Ángel María Garibay K. *Historia de la literatura náhuatl, primera parte,* Ciudad de México: Porrúa, 1953, 1971, p. 192.

¡Sólo te busco a ti, padre nuestro dador de la vida:
sufriendo estoy: seas tú nuestro amigo,
hablemos uno a otro tus hermosas palabras,
digamos por qué estoy triste:
busco el deleite de tus flores,
la alegría de tus cantos, tu riqueza!

Dicen que en buen lugar, dentro del cielo,
hay vida general, hay alegría:
enhiestos están los atabales:
es perpetuo el canto con el que se disipa
nuestro llanto y vuestra tristeza:
¡es donde ellos viven, es su casa:
ojalá lo supierais así, oh príncipes!

Era tanta su confianza en el Dios que se inventa a sí mismo, que incluso en momentos trágicos seguían manteniendo su fe, y la poesía era el instrumento donde mostraban ser fieles a su espiritualidad, incluso después de la conquista. Quizá por eso la conversión al cristianismo no presentó grandes problemas para ellos que estaban acostumbrados en adoptar atributos, sabiendo que la Cruz representaba un aspecto de Dios, y que ellos mismos ya la habían conocido a través de su representación del mundo horizontal, en los 4 puntos cardinales básicos.

Ye Yuh Matlac xihuitl In Opehualoc...

Ye yuh matlac xihuitl in opehualoc in atl intepetl Mexico

in ye omoman in mitl in chimalli yn ye nohuian on tlamatcamani

in ahuacan in tepehuacan.

In ma ca zan ye opeuh ye xotla ye cueponi

in itlaneltoquiliztli in iximachocatzin in ipalnemoani.

Comienzo de un mundo Nuevo...

Ya los diez años de conquistada la Ciudad de México,

cuando ya yace en tierra flecha y escudo, por dondequiera

están en calma los habitantes de monte y lago.

Y que así no más dio ya comienzo,

ya echa flores, ya abre sus brotes la fe y el saber de Dios.[138]

A manera de recapitulación de los argumentos que sustentan el monoteísmo de los aztecas, nuestras investigaciones apuntan que:

- Nombraban de múltiples formas a Dios, según sus atributos.

- Dios se inventa a sí mismo (*Moyocoyatzin*) a través de su creación. No es estático, limitado, ni completo, está en constante evolución.

- En ese sentido, lo concebían como un ser al cual todos pueden tener acceso, no como un ente

---

[138] Birgitta Leander. *In Xóchitl In Cuícatl Flor y canto, la poesía de los aztecas*, México: CONACULTA, 1991, p. 270.

distante e intocable. Por eso es señor de lo cercano y lo lejano (*Tloque Nahuaque*)

- Tomaban la responsabilidad de reinventarse junto con el Ser. De ahí su papel como co-creadores y protectores de la creación, misma que trae dicha y amor *(Iwinawi)*.

- Observaron que la existencia se manifiesta de manera dual *(Ometeotl)*

- A través de esa omnipotencia de quien emana la existencia (*Olomris*), se expresa de múltiples maneras, incluyendo a los seres de la naturaleza, a sus ancestros y personas que hacen méritos.

- Este Ser consiste en una sola mónada, que además media o sintetiza (*Nepaniuka*) las acciones.

- Hay que observar su manera de actuar; en los campos de batalla no iban matar, porque sería desperdiciar la vida, misma que concebían como un regalo divino, y no querían cometer una falta al *Dador de vida* (*Ipalnemohuani*).

- Si fueran politeístas y se sacrificaran en nombre de una sola deidad, ¿acaso no podrían levantar descontentos entre las demás deidades que eran muchísimas?

Cosmovisión de los Aztecas

Los tres niveles de la existencia. La dualidad. Los aztecas como cultura de la vida.

Dentro de su cosmogonía, los aztecas al igual que muchas culturas de América, como los mayas por ejemplo, planteaban que estamos en el quinto sol, pues los otros cuatro han desaparecido en catástrofes sucesivas, de las cuales la cuarta se ha mencionado que fue el choque del Clovis. Algunas fuentes varían en el orden de estas eras, pero las más aceptadas son:

1. *Nahui-ocelotl.* 4-jaguar/ocelote, *Ocelotl-Tonatiuh,* sol de tierra/ocelote. El mundo habitado por gigantes. El sol no tuvo movimiento, se oscureció durante el día y el cielo se desplomó, la humanidad había sido destruida por jaguares, uno de los *nahualli* (disfraces animales) atribuidos a Tezcatlipoca.

2. *Nahui-Ehécatl.* 4-viento, *Ehécatl-Tonatiuh.* El mundo fue azotado por severos huracanes y las personas se convirtieron en monos.

3. *Nahui-Quiahuitl.* 4 lluvia, *Quiahu-Tonatiuh.* Una lluvia de fuego del cielo, los volcanes hicieron erupción, las cenizas y la lava cubrieron el paisaje pero dieron forma a grandes montañas, rocas y piedras volcánicas. Los sobrevivientes se transformaron en aves.

4. *Nahui-Atl.* 4-agua, *Atonatiuh.* Un gran diluvio inundó al mundo y transformó a la humanidad en peces.

5. *Nahui*-Ollin. 4-movimiento, *Ollin-Tonatiuh.* Este sol se encuentra en peligro de desparecer por fuertes terremotos, despúes aparecerán los monstruos esqueléticos *tzitzmime* que asesinarán a la humanidad.[139]

Los acontecimientos del quinto sol y de su cosmogonía se resumen en *la Piedra del Sol.* Igualmente, esta cosmovisión influyó decisivamente en el papel que ellos se asignaron en el universo, como posteriormente veremos en el capítulo siguiente.

Sus siglos eran de 52 años, surgidos de la siguiente operación 4x13= 52. Pues 4 son los elementos de la naturaleza, los puntos cardinales básicos del plano horizontal y el número de Dios; y 13 son los cielos que se alzan sobre el plano terrestre. Así, la duración de los soles o etapas del mundo están basados en edades que se multiplican por 52 años. Por ejemplo, el *Nahui-Ocelotl* que tuvo un período de 3 veces 52 años antes de que fuera destruida por los jaguares.

En ese sentido, había 3 esferas, planos o niveles que comprendían su pensamiento cosmológico. Arriba, en medio y abajo, y todos expresan tanto el conjunto de los espacios como el de los tiempos.

- *Ilhuícatl.* Lo que está por encima de la tierra, rodeada del agua celeste, comprendía la superposición de los 13 cielos, siendo el último de ellos *Ilhuícatl-Omeyocan*

---

[139] Jacques Soustelle. *El universo de los aztecas, op. cit.,* p. 52.

donde habita la "pareja suprema de la dualidad" *Omecihuatl* y Ometecuhtli

- *Tlalticpac.* Todo lo que está sobre la tierra, las 4 direcciones, aunque aquí pueda ser excelso, no se vive la experiencia de la realidad, es resbaladiza. Sin embargo, se hayan experiencias gratas como *in xóchitl in cuícatl,* la poesía cantada o flor y canto, la *macehualiztli* o danza, la vida humana.
- *Mictlán.* Con 9 lugares del inframundo bajo la realidad material. Un mundo desconocido.

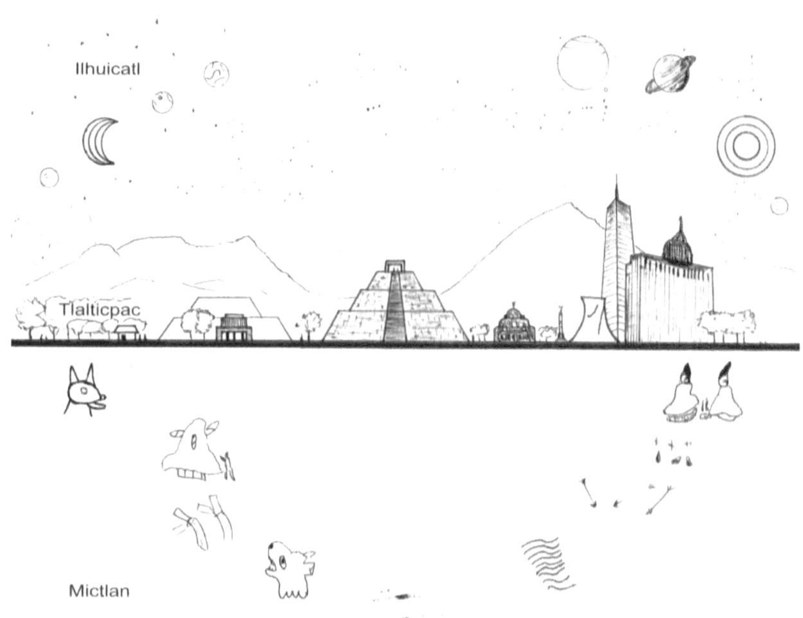

Fig. 10. Los tres niveles de la existencia nahua

La complejidad de esa cosmovisión contempla también a su monoteísmo, al indagar su postura frente a las manifestaciones duales de Dios. Concebían el espíritu y la materia, el orden y el caos, y todas las dualidades ya mencionadas, más la infinita cantidad de las que podríamos mencionar, ya que el auténtico Dios unimúltiple del universo es y está en cada una de sus criaturas porque es el Dador de Vida.

Igualmente, la dualidad de los aztecas era como ellos manifestaban su cosmovisión, porque era el componente de la invención. Si bien tenían números importantes que no son múltiplos binarios, no se limitaban a ello, porque es en la combinación que se encuentra la posibilidad de creación. Así como las trinidades que están presentes en la vida, son el resultado de la mezcla de esas dos entidades, por ejemplo: arriba, abajo, en medio; madre, padre, hijo(a); frío, calor, tibio; lleno, vacío, medio; blanco, negro, gris; sol, luna, tierra; etc.

La naturaleza femenina se encuentra también en el Sol, cuando está en el cénit ingresa al *"lado occidental del mundo, «el lado femenino», cihuatlampa".* [140] Igualmente, otros difrasismos y aparentes opuestos se encuentran en su simbología, en su cosmovisión, así Miguel León-Portilla y Alfredo López Austin (n. 1936), proponen que el difrasismo tiene una razón de emparejamiento, de compresión y unión de los complementarios (*namic*) que en la lengua nahuatl se llama *tlanamictliliztli.* [141] Los complementos se encuentran en todas

---

[140] *Ídem. La vida cotidiana…, op. cit.,* p. 113.
[141] Alfredo López Austin. "Difrasismos, cosmovisión e iconografía", *Revista Española de Antropología Americana*, 2003, vol. extraordinario 143-160.

partes, así donde está el dios del fuego también se halla la alberca de agua, y el *atl-tlachinolli* (agua que quema, sangre, guerra), o el *Atonatiuh* (sol de agua), que también designa la edad del cuarto sol.

En cuanto al arte se refiere, manifestaron la dualidad en la simetría, sobre todo en la "simetría de espejo o bilateral" que está en el cuerpo humano, así la plasmaron en su danza, donde los pasos que se hacían de un lado se repetían del otro, de la misma manera en la escultura, en la pintura, arquitectura y urbanismo. En el caso de estas últimas dos, el 'espejo de agua' aún tiene esa función arquitectónica, provocar los reflejos que se encuentran en la tierra y el cielo en la creación del paisaje.

Los aztecas representaron al espacio como una cruz, algo que desconcertó mucho a los españoles al encontrar varias cruces en su arte. La cruz se compone de dos ejes duales, horizontal y vertical, que dependiendo la posición y orientación de una persona pueden cambiar. El plano horizontal corresponde al este-oeste y al norte-sur, derecha-izquierda y frente-atrás. En el plano vertical se tiene la dualidad arriba-abajo, siendo que en medio es donde se ubica la parte del tiempo que corresponde al ahora. Sumando estas direcciones y el centro se tiene el número 7, que es la unión de los 3 planos de la existencia mencionados: *Ilhuicatl, Tlalticpac y Mictlan.*

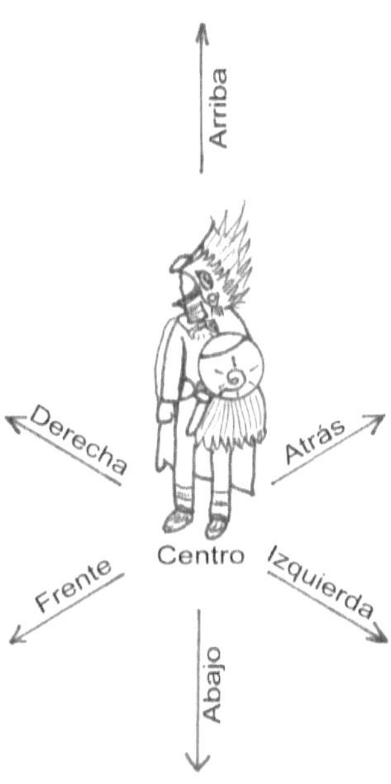

Fig. 11. Las siete direcciones como síntesis de los tres planos de la existencia: Ilhuicatl, Tlalticpac y Micltan

La cruz representaba esa unión de los 3 planos, siendo la intersección la que simboliza el centro, y que muchas veces se destaca como en el caso del *Nahui Ollin*. *"La vestimenta de Quetzalcóatl estaba adornada de cruces, pues es el dios móvil por excelencia, el que atraviesa los espacios para morir y renacer".* [142]

Cabe destacar la dualidad de los gemelos *Quetzalcóatl* y *Xolotl*, el primero asociado a la estrella de la mañana, de la luz, del cielo y de la vida, y el segundo relacionado a la estrella vespertina, de la noche, la oscuridad, el inframundo y la muerte. En las narraciones que han sobrevivido, cuando ambos unen sus fuerzas, es por motivo de creación, de dar vida a la

---

[142] Jacques Soustelle. *El universo de los aztecas, op. cit.,* p. 166.

humanidad mediante el movimiento de los astros. Así hay una versión en donde *Xolotl* huye por no querer hacer el sacrificio, primero por la tierra dando vida al *mexololt* (maguey), y luego por el agua donde crea el *axolotl* (ajolote). Otra versión dice que *Xolotl* fue el encargado de sacrificar a los dioses, *"abriéndoles el pecho con un cuchillo de pedernal, y se dio muerte a sí mismo. El sol, satisfecho, empezó a moverse".* [143] Finalmente se sacrifica y acompaña al Sol en su tránsito nocturno para renacer por la mañana; una tradición que recuerda a la barca solar egipcia.

Por cierto, *Xólotl* es asociado también al viejo dios del fuego *Huehueteotl,* a *Tota* (nuestro padre), al *Ollin* (movimiento, terremoto), es patrón de los gemelos y de todo lo relacionado a los instrumentos y objetos de la vida cotidiana que son dobles, molcajetes, instrumentos musicales, etc.

Otra dualidad se da en los templos gemelos del Templo Mayor, *Tlaloc y Huitzilopochtli,* uno diestro y el otro zurdo, la lluvia y el sol, el agua y el fuego, ambos caen del cielo, pero también se dan en la tierra y se encuentran en el mundo subterráneo.

Cabe destacar que los aztecas no eran una cultura que considerara un culto privilegiado a la muerte en lugar de la vida. Para ellos la muerte era un paso, uno que tendrían que llevar a cabo cuando fuese el tiempo. Si bien era honorable morir en el sacro-oficio, esto no excluía que amaran la vida, como se observa en su poesía; eran una cultura del ahora.

---

[143] *Ibíd.,* p. 108.

Ciertamente el renacimiento estaba reservado a las manifestaciones de los astros como ya se ha mencionado, también a los guerreros que renacían en forma de colibrí y a las madres que morían en parto, que se convertían en *Cihuateteo*.

Principalmente creían que vida solamente hay una, de ahí su filosofía de vivir en el momento, en el centro de la cruz. Ciertamente, lo que pasara después dependería del camino espiritual a recorrer de cada uno.

Gozo efímero

¡Démonos gusto, amigos míos:
vengan aquí los abrazos!
En tierra florida andamos andando
y no hay quien pueda ponerle fin.
La flor y el canto se tienden
allá en la Casa del Sol.
Sólo por breve tiempo en la tierra vivimos:
No será así siempre: espera la región del Misterio…
¿Hay allí alegría? ¿Hay allí amistad?
¡Ah no, que sólo en la tierra
vinimos a conocernos!

Vida única

¡Alégrate en extremo, oh rey Tecayeuatzin,
valuador de joyeles florecientes!
¿Acaso una vez más vendremos a vivir?

Tu corazón lo sabe así:

¡Sólo una vez venimos a la vida! [144]

Sin embargo, algunas de estas dicotomías para los aztecas no son elementos equivalentes respecto a los cuales se deba plantear un equilibrio. Al contrario, concebían una lucha casi interminable en la que tenían como misión provocar el más profundo de los desequilibrios.

Quien comprenda la naturaleza del mal se postulará como un guerrero azteca en la lucha constante del bien y del mal, aspirando a participar en la liquidación de la dicotomía, no como una balanza que está equilibrada entre el bien-mal, sino todo lo contrario como un factor activo de desequilibrio a favor del bien.

Porque si bien toda dicotomía será sucedida por otra, ésta nueva será de naturaleza radicalmente distinta, mucho más conforme a nuestra naturaleza espiritual, y la primera habrá desaparecido para siempre, su vida habrá sido efímera, pues eterno sólo Dios, y los seres por él creados a quiénes decide ofrecerles esa eternidad, que en el mundo azteca al igual que en muchas culturas del mundo era la abundancia, repartida en el *Ilhuicatl*, dependiendo de las circunstancias de vida y muerte, de los motivos y decisiones que la persona haya tomado en el *Tlalticpac*, pero que también lo podrían conducir al *Mictlan*.

---

[144] Cantos mexicanos extraídos de Ángel M. Garibay K. *La literatura de los aztecas,* Tabasco: Joaquín Mortiz, 1974, pp. 52-53.

Sobre el bien y el mal en los aztecas

El mal no es un equilibrio de la dualidad. Cultura del bien.

Para poder proseguir, debemos tener en cuenta que de acuerdo con los nahuas, así como con todos los pueblos primigenios (que no primitivos): Éste no es un universo de cosas sino uno de seres, donde las cosas no son más que la apariencia de los seres. A diferencia de muchas corrientes espirituales que suponen que ellos daban 'gracias al universo', los aztecas sabían que no podían dar gracias a una cosa, ya que una cosa aun siendo la más grande, no podría tener la jerarquía que el más pequeño de los seres. Es decir, las joyas y el oro que tanto valoraban los conquistadores no eran más que ornamentos, y que el valor de un ser era mucho más grande, porque sencillamente tenía vida, sangre.

El Ser mismo, Dios que a la vez es "un Ser" y "el SER", es la totalidad, propiedad que en modo alguno somos los seres humanos. Por lo tanto, ese Dador de Vida y los humanos están en el mismo plano, no importando la abismal diferencia de separación, por eso daban la atribución a *Tloque Nahuaque* como señor de lo cercano y lo lejano, y hay cierta semejanza que se manifiesta en los humanos.

Cuando relatan sus historias de la creación del hombre, que si bien hay muchas versiones, todas tienen en común el sacrificio. Esas deidades-atribuciones fueron las que ofrendaron su sangre para crear al ser humano en el quinto sol, por eso creían también ser creados a su imagen y semejanza.

El que este universo sea uno de seres, plantea que el mal no es la simple carencia del bien, una especie de terreno neutro donde no hay bien, o que nada hay, sino que es alguien, un ser, creado también por Dios, pero que en un mal uso de su libre albedrío se ha apartado y enajenado radical y definitivamente de Él. Por lo que este ser jamás estará en el bien, ni en la verdad, la salud, o el conocimiento, sino en la simple y terrorífica ausencia de Dios, es decir del Ser mismo y de su universal proveeduría.

Pensar que las culturas antiguas no tenían una noción del bien y el mal, y que tampoco plantearan que atrás de ellos hay un ser, es sobrestimarlos de una manera terrible. En el caso de los aztecas, tenían un código de ética muy fuerte, valoraban la vida, de ahí que en una pelea no se atrevían a matar en la medida de lo posible.

Ese sentido de justicia es el que tanto nos cuesta aceptar, sobre todo en los tiempos actuales en donde el honor y la palabra valen muy poco al lado de un contrato por escrito, y que incluso así se rompen. De esta manera, los crímenes más terribles eran castigados con pena de muerte, esta se aplicaba a quien cometía un asesinato por estado de ebriedad, a los jueces que favorecían o demoraran la justicia, y a quien practicara la maldad ligada a la hechicería.

Por los textos y relatos, sabemos que dentro de ellos había algunos practicantes de ritos de brujería *"que podían provocar la enfermedad y la muerte quemando una figurilla de madera que representara a la víctima",* [145] también mediante la profanación de tumbas, la mutilación del cuerpo con fines paranormales que ya se ha mencionado, forzar a una relación sexual o sentimental mediante pociones o brebajes, es decir todos los actos a corromper el libre albedrío personal, por eso *"la hechicería se castigaba con la muerte".* [146]

Es conveniente mencionar que hacían la distinción entre un curandero, un chamán y un brujo, los primeros dos estaban enfocados a la curación, la sanación, la predicción de los astros, eran consejeros y ayudantes para cultivar la espiritualidad; en cambio el último se dedicaba a violentar el libre albedrio y provocar un mal. Nuevamente, esta confusión estuvo reforzada por el choque cultural de la visión del bien, las cosas buenas, virtuosas, graciosas, sanas eran *qualli,* lo opuesto era *amoqualli.* En aquel momento antes de los españoles, en su lenguaje no se encontraba la palabra enemigo, se referían a 'quien no quiere ser mi amigo', posteriormente el término *neyaotlaliztli* aparece en el diccionario de Fray Alonso de Molina (n. 1513) para referirse a una enemistad.

¿Qué motiva a los aztecas a hacer el bien en la medida de lo posible? Nuestras investigaciones señalan estos cuatro argumentos.

- Concebir una relación personal con *Ipalnemohuani,* El Dador de Vida.
- Considerarse co-creadores de esa Gran Creación.

---

[145] Jacques Soustelle. *El universo de los aztecas, op. cit.,* p. 60.
[146] *Loc. cit.*

- Comprometerse a través de sus "Opciones Cósmicas" para evitar catástrofes pasadas y mantener un equilibrio universal.
- Idear y cumplir con muchas leyes morales y una ética estricta que estaba encaminada al bien común.

Al igual que muchas culturas del mundo, los nahuas creían en un largo recorrido del camino espiritual después de la muerte, uno que fuese honorable, que como ya se expresó en el capítulo 3 de este libro, que tuviera su recorrido en el sendero de la rectitud, de lo bueno, *in qualli yectli.*

Respecto a comprometerse con las opciones cósmicas y el respeto a su ética, son puntos que van muy ligados que podrían determinar el destino del alma. Durante mucho tiempo se creyó que el camino a recorrer de un mesoamericano al morir estaba delimitado por las circunstancias de su muerte, *"K. Th. Preuss vio esta diferenciación de los reinos de los muertos, pero sobre todo en la división del rango de los difuntos según su manera de morir".* [147]

En el caso de los aztecas esta configuración de circunstancias de la muerte (como al momento de nacer) era importante, pero también el desarrollo de la vida de una persona, recordemos su notable devoción por la meritocracia, su afinidad a la ética y a los buenos modales. Así, algunos autores plantearon que entrarían en contradicción si sólo determinaran las circunstancias de la muerte sin tomar en cuenta las de la vida.

---

[147] *Apud* Walter Krickberg. *Las antiguas culturas mexicanas,* México D.F.: FCE, 1961, p. 132.

Nosotros estamos de acuerdo con la idea anterior, argumentando un juicio simple: ¿qué caso tendría poner tanto empeño en llevar una vida recta si al morir no es tomada en cuenta? Caso inverso, ¿llevar una vida catastrófica y morir de manera honorífica? [149] Sin embargo, en ambos casos, en las circunstancias de vida y de muerte lo que más pesa es la postura de hacer bien. Como en otras culturas, esa idea del bien se reflejaba en la recompensa, en la creencia de una vida futura amena, por ejemplo en esta del *Tlalocan*.

---

[148] Laurette Sejourné. *Pensamiento y religión en el México antiguo*, México D.F.: FCE, Lecturas mexicanas edición, 1984, p. 77.
[149] En este último caso aplicaba si se ofrecía en sacrificio, únicamente así podría alcanzar esa purificación, esto se explicará más adelante.

color, y andaban chupando todas las flores así en el cielo como en este mundo, como los zinzones lo hacen.[150]

O en los más altos niveles del *Ilhuícatl*, el Firmamento que se expande a todo el universo donde mora y se reinventa Ometeotl, alrededor de las estrellas, los planetas. Algunos autores como Carlos María de Bustamante (1774-1848) notaron esa decisión por el bien, que no los hacía menos frente a la teología conocida, de la que incluso eran tan devotos, y ¿por qué Dios no podría estar entre los mexicanos?

La idolatría de los Mexicanos era más limpia, jamás adoraron los vicios, ni a ninguno que los huviese (sic.) tenido… ¿Por qué hemos de llamar idólatra al Emperador Nezahualcóyotl que prohibió los sacrificios humanos y levantó templos al Dios Creador? … adoraban a Tzentéotl, que Torquemada ya llama Dios, ya Diosa, ya Dioses, y no quiere decir sino el verdadero Dios? [151]

De esta manera, los aztecas decidieron elegir su primera gran opción cósmica: la opción por el bien, sabiendo de la existencia y diferencia del bien y el mal, siendo ellos parte de una batalla en donde no cabe equilibrio alguno, pues ante la

---

[150] Texto en Bernardino de Sahagún. *Historia general de las cosas de Nueva España*, Ángel María Garibay (anotaciones), México: Porrúa, 2016, p. 201.
[151] *Ibíd.*, pp. 970-971.

lucha entre el bien y el mal, entre Dios y el maligno, sólo cabe el más decidido deseo de hacer el bien.

Fig.12. Copalli. Bolsa de copal que simboliza el sacerdocio y la espiritualidad. La cruz se encuentra tanto en la forma de la bolsa como al centro de la misma.

Tlamanaliztli o Sacro Oficio

El sacrificio humano en la historia y en el mundo azteca. Xochiyaoyotl o las guerras floridas. Las opciones cósmicas de los Aztecas.

No importando cuáles fueran sus pecados, no es menos cierto que estos españoles verdaderamente se horrorizaron del sacrificio humano. Si bien muchas culturas lo han practicado, e incluso la antropofagia ritual, esa memoria había quedado enterrada en el pasado.

En esa reminiscencia, podemos mencionar al pueblo Hebreo, que con el Antiguo Testamento da testimonio del sacrificio humano masivo que realizó Jefté en las puertas de su ciudad, en agradecimiento de una victoria militar. También, el sacrificio de Isaac por parte de su padre Abraham, donde Dios le ordena a última hora que lo suspenda y lo sustituya por un sacrificio animal.[152]

Por otro lado, uno muy oscuro, el sacrificio que tenían los cartagineses fue considerado propaganda romana hasta que se encontró el horno donde eran quemados los restos, con pruebas que incluían a bebés y niños. También, el sacrificio entre los celtas, conservado para el estudio forense y antropológico, puesto que los cuerpos fueron arrojados a pantanos que los conservaron perfectamente. Además, el sacrifico a beneficio de la clase alta etrusca, que cuando moría

---

[152] Lo cual ha sido interpretado como la reseña histórica del momento en el que el sacrificio humano hebreo es substituido por el animal.

el patrón, se sacrificaba un número creciente de personas, ya sea parientes y sirvientes, según el poder económico y social del difunto, para acompañarlo y servirle en el más allá.

Este sacrificio etrusco fue el que los romanos convirtieron en suyo, pero ya no religioso sino civil y con una connotación totalmente diferente, porque en realidad, la gente era asesinada en los circos romanos. El estado confiscó para sí todo derecho de sacrificar, otorgó la apariencia jurídica a esas ejecuciones, que eran una farsa porque los jueces trabajaban a pedido, cada día el poder romano les decía a cuántos debían condenar y mandar a la ejecución. Acto definitivamente maligno y brujeril, porque esas ejecuciones tenían el carácter de mero entretenimiento del público, la burla más cruel y dolorosa de los ejecutados.

No obstante, todo eso había quedado en el olvido, y si acaso se recordaban los circos romanos, era por los miles de mártires cristianos que ahí murieron. Con todo eso, esos invasores del nuevo continente se horrorizaron de los sacrificios individuales y también de los colectivos. Por ejemplo, el más masivo de todos los que se tenga noticia con los aztecas fue el de la inauguración del *Huey Teocalli* Templo Mayor, en honor de *Huitzilopochtli* y *Tlaloc* (1487), que en su última etapa constructiva se erigió completamente en tiempos del *Huey Tlatoani Ahuizotl* (s.f. - 1502), con 20,000 prisioneros como ofrenda. [153] Así, cuando arribaron los españoles al Templo

---

[153] Durante esa reconsagración fue el equivalente de dos *xiquipilli* (uno es a 8,000), más diez *cenzontli* (uno 400), es decir 20,000 prisioneros que fueron sacrificados de regiones provenientes de *Xiuhcoac, Cuexlaxtlán y Tzapotlán.*

Mayor, se estima que el *tzompantli* había un acumulado de 60,000 cabezas. Las excavaciones arqueológicas del 2015-17 confirman al *Huey Tzompantli* en la calle de Guatemala. [154]

El sacrificio humano podía ser magia o brujería, según se realizara para hacer el bien o el mal. Si el sacrifico se efectuaba para hacer el bien, implicaba que el sacrificado tenía que estar de acuerdo, es decir que fuese una acción completamente voluntaria, dentro del más estricto uso de su libre albedrío, y desearlo apasionadamente como un acto de fe genuina y de gran promoción espiritual.

Ya que el pueblo azteca tenía una fe inocente y consubstancial en un sólo Dios verdadero, les llevaba a la comprensión clara que aquellos eventos catastróficos que habían desencadenado la destrucción de los 4 soles previos eran resultado también de la acción de una entidad maligna. Estos sucesos podían y debían ser impedidos si el hombre hacia su parte, y ellos que se habían decidido hacer el bien, estuvieron dispuestos a ofrecer su propia vida para mantener el orden natural en el mundo y en el cosmos.

La inestabilidad de la existencia era el equivalente a un telón a punto de desvanecerse, a un mundo donde la aspiración a lo mejor contrarresta la atracción de la destrucción.

Ya se habían perecido cuatro mundos, y el quinto, el nuestro, se desgarraría como un velo. En este

---

[154] Véase Eduardo Matos Moctezuma, Raúl Barrera Rodríguez, Lorena Vázquez Vallín. "El Huei Tzompantli de Tenochtitlan", *Arqueología Mexicana*, núm. 148, 2017, pp. 52-57.

*universo frágil y siempre amenazado, el curso
imperturbable del tiempo, día tras día, nos depara el
matiz feliz, desdichado o indiferente de los signos que
rigen el destino. ¿Y el hombre? Efímero dentro de lo
efímero, el hombre realiza brevemente su combate.* [155]

Esa batalla en la que ellos creían era el desequilibrio de la balanza a favor del bien, uno que llevaría al camino de la estabilidad. Esa pelea la preparaban desde sus primeros años de vida, por eso se instruían en el arte del combate y eran conocidos como excelentes guerreros, conservando una rigurosa disciplina en ello.

En la *Xochiyaoyotl*, las guerras floridas, los guerreros no salían a matar al enemigo, sino a neutralizarlo. Lo que hacían era capturarlo con habilidad, estrategia, y verdadera tenacidad, ya que la lucha involucraba mucha fuerza para ambos lados. Una vez hecho esto, ellos mismos curaban las heridas del capturado. En la idiosincrasia de la época, el ser prisionero representaba un deshonor, y la salida honorable era el sacro-oficio, el cual se realizaba respetando el libre albedrío del detenido.

El nombre de estas batallas, *Xochiyaoyotl*, hace alusión a la flor, porque todo corazón era concebido como una bella flor, un mensaje para el cielo, *"porque el ideal de los indios en la guerra –a lo que se ignora con mucha frecuencia– era el de no matar a nadie"*. [156]

---

[155] Jacques Soustelle. *El universo de los aztecas, op. cit.*, p. 22.
[156] *Ibíd.*, p. 11.

La guerra florida era representada con el doble glifo *atl-tlachinolli* (agua, sangre, incendio), que como ya se comentó culminaba con el incendio del *teocalli* del contrincante. Antes de iniciar cualquier *casus belli,* ambas partes discutían si valía la pena efectuarla. Del lado de la *Excan Tlahtoloyan* o Triple Alianza enviaban a los embajadores, primero los de *Tenochtitlán* que se hacían llamar *Quauhquauhnochtin*, ellos se dirigían a los ancianos y gobernantes para dialogar, les preguntaban si ¿no sería más sencillo aceptar la amistad y protección del imperio en vez de la guerra? Si ellos aceptaban, bastaba con la palabra del gobernante, que se declara nunca ser contrario, permitir el comercio, y aceptar una imagen de Huitzilopochtli en el templo principal, al lado y al mismo nivel de la deidad local, después se acordaban los tributos y se retiraban. Si no se llegaba a un acuerdo, dejaban armas y escudos, para que tuvieran recursos para defenderse y que no hubiera argumentos de desigualdad.

Al cabo de 20 días, llegaba una nueva comitiva, esta vez del lado de *Texcoco,* los *Achcacauhtzin*, quienes se dirigían al soberano y a la nobleza e intentaban nuevamente disuadir la guerra, si no llegaban a acuerdos, nuevamente les dejaban armas para defenderse. Después de ese lapso, llegaba la última embajada del pueblo de *Tlacopan*, se dirigían a los guerreros para intentar desviar los planes de guerra, si no se llegaba a un acuerdo, por tercera vez dejaban más armas. Tenían otros 20 días para su decisión final, y si al término de ese último plazo no había respuesta o era una desfavorable, oficialmente estaban en estado de guerra.

Cada una de las delegaciones de la *Excan Tlahtoloyan* se reunían y todavía avisaban el día en que ellos llegarían a realizar la guerra, evitando el factor sorpresa, dando tiempo de sobra para defender la ciudad, y proporcionando armas. *"Esta actitud, estas embajadas, estos discursos, estos regalos expresan perfectamente el ideal caballeresco que animaba a los guerreros de la antigüedad americana".* [157]

Ya en las batallas, procuraban neutralizar el cuerpo del adversario, los apresaban, los curaban y se los llevaban. Ciertamente, cuando un guerrero hacía un prisionero, le decía *"he aquí mi hijo amado" y éste le contestaba "he aquí mi padre venerado",* [158] ambos conocían que en su función, tarde o temprano cumplirían el mismo destino, *"hoy por mí, mañana por ti".* [159]

En la noche previa al sacrificio rezaban juntos el sacrificado y el sacrificante, para ofrecerle a Dios el Sacro-Oficio que iban a realizar al día siguiente, el cual además de tener la función ritual tenía una metodología para no provocar un sufrimiento excesivo.

El *tlamanaliztli,* ofrenda o Sacro Oficio, se realizaba en la piedra del sacrificio, que tenía una forma arqueada, misma que respondía a dos funciones principalmente:

1. Anestesiar de manera natural al sacrificado, al subir el torrente sanguíneo a la cabeza se lograba relajarlo, sedarlo naturalmente y mantenerlo consciente.

---

[157] *Ídem. La vida cotidiana... op. cit.,* p. 208.
[158] *Ibíd.,* p. 105.
[159] *Loc. cit.*

2. Permitir un corte preciso y rápido, ya que al abrirse el tórax se maniobraba mejor.

Después de unos minutos, el *tlenamacac* clavaba el cuchillo de pedernal con gran destreza y velocidad, tanto que podía mostrar el corazón recién extraído al sacrificado antes de expirar. Incluso, *"según la Historye de la chique, llegar a hacer que la víctima comiera de su propio corazón, con el comentario posterior de que tenían por mejor ministro y más digno de honor al que mejor hacia este sacrificio".* [160]

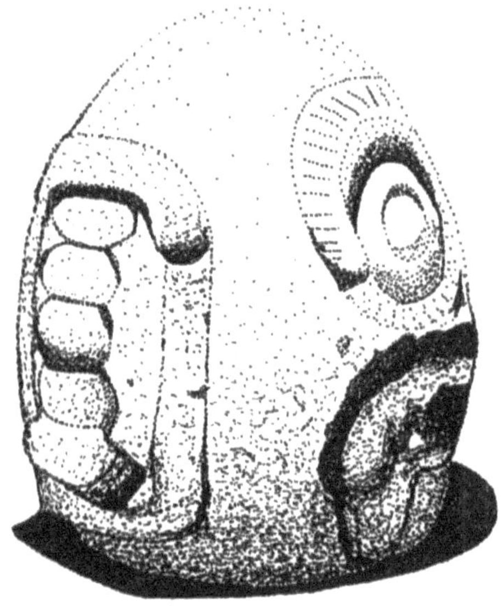

Fig. 13. Piedra del sacrificio, Templo Mayor

---

[160] Michel Graulich. *El sacrificio humano entre los aztecas,* Julio Camarillo (trad.), México: FCE, 2016, p. 354.

De esta manera, los sacrificados obtenían el trofeo máximo, donde su propia alma dejaba un *yolotli* (corazón) ofrendado, una flor, un destino que ningún guerrero estaba dispuesto a dejarse enajenar. Cada sacrificado era un mensajero que se mandaba al cielo *"revestido de una dignidad casi divina"*,[161] uno que garantizaba la vida del quinto sol, que coadyuvaba a la obra sublime, y contribuía decisivamente a la derrota, estratégica, temporal, y definitiva del mal; estos guerreros recibían el nombre de *cuauhteca*, compañero del Sol, al igual que sus otros compañeros que acompañaban en la trayectoria y cortejo del astro, sirviendo como *tlazcaltiliztli*, la alimentación del sol, y pasando a ser habitantes del país del águila.[162] Al cabo de 4 años renacerían en forma de colibrí, paseando de flor en flor, recibiendo los aires tibios y las bondades de la naturaleza, recompensados por el tremendo esfuerzo.

Ese privilegio no era reservado a los hombres solamente, también las mujeres guerreras que había en el campo de batalla o que se ofrecían al sacrificio, o las mujeres que morían por parto, porque éste último igualmente se consideraba un combate entre la vida y la muerte, y por su valentía también se les daba el título de guerreras.

Nuestras investigaciones apuntan a que es precisamente por esta carga fuerte de simbolismo, que los sacrificados pasaban a formar parte de los *tzompantin*. Así como en Europa se manejaban las máscaras mortuorias para honrar

---

[161] *Loc. cit.*

[162] Jacques Soustelle. *La vida cotidiana… op. cit.,* p. 113

a la persona, aquí se tomaba el *In ixtli, in yóllotl* el rostro y el corazón, que como se sabe son partes fundamentales que designan al ser físico en la cultura nahua y que son las complementarias del ritual del sacrificio. Igualmente, si se analiza la forma de los *tzompantin,* nos remite al concepto del árbol cósmico o árbol de la vida, que está presente en tantas culturas del mundo, como la maya con el *Yaxché*, la nórdica con el *Yggdrasil*, con los Teotihuacanos en los árboles que dan tortillas.

El concepto del *tamoanchan* del posclásico, se representó como un árbol que se encuentra en el paraíso y ligado a los 13 cielos y el plano terrenal, se representa como un árbol quebrado donde cae una persona. La misma idea la manifestaron a nivel simbólico con el árbol endémico *Tzompantli / Tzompantle* (*erythrina americana*) y con los arbustos de la misma familia (*erythrina herbácea*) de donde salen los llamados colorines, que por su color remiten a la sangre y que se cocinan con distintos tipos de mole, caldos y quesadillas.

Los *tzompantin* se esculpían como decorados en algunos templos y estructuras como los juegos de pelota en Mesoamérica. Pero los que se erigían con cráneos de verdad, conservaban la idea del árbol si la cantidad de elementos lo permitía, mediante una estructura de madera a partir de puntales y vigas donde se disponían los cráneos, o bien de una columna-base de donde se desprendían las ramas, como aparece con Durán.

Sin embargo, en Tenochtitlan el *Huey Tzompantli* es un gran muro. Evidentemente, a nivel arquitectónico y contextualizándonos en aquella época, hubiera sido casi imposible diseñar y calcular una estructura de piedra con las curvas de un árbol que resistiera el peso de tantos cráneos, además de los esfuerzos por lluvia y viento. Ellos fueron prácticos, así que decidieron incrustarlos directamente en el acabado final y lo integraron a su conjunto arquitectónico.

Como se observa, para los mexica, los humanos que se sacrificaban se investían de un aspecto *quasi* divino, e inspiraban un profundo respeto, ya que se ofrecían al compromiso de mantener el orden universal, y no los "teules", una palabra que los conquistadores se atribuyeron para ensalzar su orgullo y su aparente superioridad. En ellos no había sacrificio, ni valor en sus matanzas despiadadas que no tenían un objetivo de orden cósmico, un alto orden espiritual; y por esto último la sociedad mexicana de ese entonces no concebía las batallas europeas.

Verdaderamente creían que su Señor del Firmamento es el Creador y Dador de Vida, y así como provee todas las maravillas en el universo, ellos ofrendaban lo más sagrado y hermoso que tenían: la vida. Esta disposición al sacrificio por la fe, rebasaba el ofrecimiento de los cristianos, al menos los de aquella época. Así defendió el punto Fray Bartolomé en la junta de Valladolid, donde expresó que nunca había visto personas tan dispuestas a ofrecerse a Dios.

La disposición al sacrificio era completamente voluntaria, y son multitud los casos en que si se le ofrecía la vida al prisionero, éste la rechazaba, pues se privaba del más grande de los destinos. Tenemos así el caso del jefe guerrero mexica

Tlacahuepan,[163] quien fue hecho prisionero por los chalcas junto con sus guerreros y a quienes se les ofreció la vida, tierras, y esposas, ofrecimiento que los chalcas hacían sin reticencia alguna pues sabían que el código de honor, la ética, de estos guerreros les impediría que los traicionaran en caso de aceptación, pero *Tlacahuepan* rechazó el ofrecimiento y se suicidó, y antes de hacerlo les dijo a sus guerreros "parto y allá os espero".

Ese aspecto de la fe era el mismo en aquellos pueblos Mesoamericanos, por eso los prisioneros en manos de los pueblos nahuas no aceptaban que su vida les fuera perdonada, o viceversa, para no ser privados de convertirse en dignos mensajeros y del más grande honor.

Tres hechos o causas en conjunto dieron a que ellos tomaran una postura que varios autores hemos denominado la *opción cósmica de los aztecas*, que repercuten en una guerra en la cual ellos eran una parte fundamental.

La primera gran causa de la opción cósmica de los aztecas nace de la conciencia de que este es un mundo de seres y no de cosas, que en el bien y el mal esencialmente repercute un ser que toma partido, siendo que ellos decidieron tomar parte del lado del bien.

Por eso, ellos castigaban con pena de muerte la brujería, no para eliminar así el mal del ejecutado, pues sólo el libre albedrío de cada persona puede aspirar a eso y siempre con la ayuda de su Señor del Firmamento, sino para marcar

---

[163] *Ibíd.*, p. *105.* Tlacahuepan también aparece en la *Crónica Mexicana* de Tezozómoc.

dentro del condicionamiento social, que ese era el peor de los crímenes, uno que esa sociedad no podía tolerar en modo alguno.

La segunda gran causa de la opción cósmica de los aztecas tiene su origen en que ellos contaban con una memoria ancestral colectiva de ese terrible cataclismo del final del cuarto sol que dio fin a sus ancestros, y también sabían de las anteriores eras y eventos que extinguieron a la humanidad, intuían que esos sucesos no eran un fenómeno natural, sino provocados por una entidad maligna. Entonces, al considerarse descendientes de los Atlantes y fieles a su idea de co-creación, se sentían partícipes y responsables de mantener el equilibrio del planeta, muy parecido a Atlas que estaba cargando al mundo, pero ellos fueron más allá, extendiéndose al Universo, sus astros, su cosmovisión. Debían tomar partido para que esos acontecimientos no se pudieran repetir en un universo constantemente amenazado por entidades malignas de destrucción.

Los aztecas se consideraban también como el "pueblo del sol". Su deber consistía en hacer la guerra cósmica para dar al sol su alimentación, tlaxcaltiliztli. Sin ella el sol habría desaparecido de los cielos. Así, el bienestar y la supervivencia misma del universo dependían de las ofrendas de sangre y corazones al sol: los aztecas extendían esto a todas las divinidades de su panteón, por ello el sacrificio humano llegó a ser el elemento más importante del ritual.[164]

Es en este contexto en el que habría que entender la decisión de los aztecas de recurrir al sacrificio humano voluntario, contrarrestar una posible destrucción de la humanidad, una que ellos ya habían conocido y que no era un hecho "simbólico" (como decimos de algo que no nos da la gana considerar), sino que era algo que volvería a ocurrir si los humanos no hacíamos nuestra parte, para coadyuvar en esa voluntad del Dador de Vida, de llevarnos al más grande de los destinos, uno en el que dentro del respeto más estricto a nuestro libre albedrío, podamos acceder plenamente a la plenitud de nuestro ser.

El sacrificio humano entre los mexicanos no estaba inspirado por la crueldad ni por el odio. Era su respuesta – la única que podían concebir – a la inestabilidad de un mundo constantemente amenazado. Para salvar al mundo y a la humanidad se necesitaba sangre.[165]

Vislumbrando la luz de esta fe, algunos de esos frailes alcanzaron a entender que se trataba de un acto sublime, voluntario, real, ofreciendo su sangre, el *chalchihuatl* o líquido precioso. Sin embargo, aun siendo hombres de la iglesia, pocos

---

[164] *Ídem. El universo de los aztecas, op. cit.*, p. 55
[165] *Ídem. La vida cotidiana… op. cit.*, p. 104.

entendieron que esa idea de guerra era muy similar a la de Jesús, quién decía que no había venido a traer la paz sino la guerra, no porque él fuera factor de guerra alguno, al contrario, sino porque para el mal la simple presencia del bien es una ofensa inaceptable, un auténtico *casus belli*.

Algunos frailes con respeto trataron al sacrificio, pero no comprendieron que la fe de este pueblo fuera tan monoteísta, quizá más que la de muchos europeos, ni los alcances radicalmente cósmicos de esta acción, a la que estaban voluntaria y apasionadamente abocados. El Sacro Oficio del mundo azteca fue indudablemente magia, carácter poco frecuente entre los diferentes sacrificios humanos que se han presentado a lo largo de la historia de la humanidad.

Finalmente, la existencia de *Moyocoyatzin* inventándose a sí mismo a través de los humanos, a quienes concedió un libre albedrío sin restricciones, determinó en los aztecas su tercera gran causa de la opción cósmica, en la que decidieron hacer sin límites, su parte humana para el sostenimiento del orden cósmico y sobre esa decisión suya obtendrían la trascendencia que sólo el Dador de vida puede adjudicar.

Es preciso enfatizar que desde la perspectiva de los aztecas en su gran opción cósmica no están solos, porque dentro de la Gran Guerra Cósmica también combaten otros seres y deidades versus otras entidades perversas que se disputan en la batalla del bien contra el mal, donde *"todos estos participantes en la lucha, astros, dioses y hombres, fundidos en un solo espíritu, resultará a la postre un vencedor único".* [166]

Estas opciones por el bien que eligió el pueblo azteca tuvieron consecuencias inconmensurables y benéficas para su visión de la humanidad, y a las opciones que nosotros mismos podríamos tomar al día de hoy: hacer el bien.

Fig. 14. Chimalli. Escudo inspirado en la obra *Cuauhtémoc*,
de Jesús de la Helguera

---

[166] César Macazaga Ordoño. *Coyolxauhqui,* México: Cosmos, 1978, p. 18.

PARTE IV

IMPACTOS DEL PENSAMIENTO AZTECA EN LA CONSTRUCCIÓN DEL MUNDO MODERNO

Los crímenes de guerra de los invasores españoles y el alma negra de Cortés

Desde su llegada a las costas de Veracruz, los invasores habían conocido el *tlamanaliztli/tlamanani* (Sacro-oficio azteca) algo que los horrorizó, aunque con base al simple razonamiento podríamos decir que no debieron hacerlo, ellos que cometieron en esa conquista y en los tiempos posteriores los más grandes crímenes de lesa humanidad, ya que donde había 25 millones de habitantes (comprendiendo la totalidad del actual territorio mexicano), quedara un siglo después sólo un millón, incluidos los mismos españoles.

Responsabilidad directa suya, pues impusieron a esa población el esfuerzo más brutal, dejándola exangüe y vulnerable a las enfermedades, siendo la viruela la epidemia que usaron como arma biológica. Para algunos autores, realmente esta fue la causa principal que les dio una ventaja abismal a los conquistadores en tierras americanas, *"epidemias catastróficas que literalmente diezmaron culturas y tribus indígenas, dieron como resultado el colapso de los Imperios Azteca e Inca".* [167] Fueron crueles al permitir que los nahuas reaccionaran con su reflejo habitual: la higiene, aún sabiendo que eso los iba a matar, pues así era esta enfermedad, ya que al estar acostumbrados a bañarse diario y al ser una enfermedad eruptiva, los baños no

---

[167] Carlos Franco-Paredes *et al.* Perspectiva histórica de la viruela en México: aparición, eliminación y riesgo de reaparición por bioterrorismo. *Gaceta médica de México*, 2004, vol. 140, núm. 3, p. 322.

eran aconsejables por dañar la piel e impedir que las ampollas se secaran, secretando más pus y fortaleciendo al virus. Sólo la conveniencia de los conquistadores hizo que si seguían permitiendo esa reacción higiénica de los nativos en la siguiente epidemia, se quedarían sin súbditos y esclavos. Incluso, Fray Toribio de Benavente 'Motolinía' (1482-1569) habló del daño que los españoles hicieron, las pestes que les provocaron, a pesar de él mismo justificar la conversión por la fuerza al cristianismo.

Estos conquistadores destruyendo casi todo su mundo y cultura para esos nahuas, haciendo que la más profunda tristeza dominara su impulso de vida. Ellos actuaron con la misma impunidad y maldad que los nazis en sus guerras de conquista y en sus campos de concentración. Muestra de estos crímenes son los narrados a través del testimonio de los frailes, como el de Fray Bartolomé de las Casas (1474ca. – 1566) en su *Brevísima relación de la destruición de las Indias.*

Ahí se lee que en una ocasión, un encomendero en la isla de *La Española* (hoy República Dominicana y Haití) estaba asando vivos a los nativos, como si fueran lechones, y porque daban grandes gritos y le impedían el sueño mandó que los ahogasen, pero el alguacil que era peor que verdugo, procedió a taparles la boca y bajar el fuego "hasta que se asaron como él quería",[168] para que la tortura durara más, pero en silencio.

En otra ocasión, en la región de *La Florida* (actual EUA) los nativos los recibieron con alegría y les dieron de comer hasta satisfacer a todos, pero *"vuelve el capitán mayor y decide robar*

---

[168] Bartolomé De Las Casas. *Brevísima relación de la destruición de las Indias*, Isacio Pérez (ed.), Madrid: Tecnos, 2008, p. 23.

a todo el pueblo y hacer otras crueldades".[169] Por esa misma zona, los españoles se enteraron que el pueblo vecino era cauteloso porque ya conocían de sus fechorías, y para infundir más miedo decidieron usar la espada con *"chicos y grandes, niños y viejos, súbditos y señores, que no perdonaron a nadie".[170]* En palabras de Fray Bartolomé de las Casas:

> *Yo afirmo que yo mesmo vi ante mis ojos a los españoles cortar manos, narices y orejas a indios e indias sin propósito, sino porque se les antojaba hacerlo, y en tantos lugares y partes que sería largo de contar. E yo vi que los españoles les echaban a los perros a los indios para que los hicieran pedazos, e los vi así aperrear a muy muchos. Asimesmo vi yo quemar tantas casas e pueblos que no sabría decir el número según eran muchos. Asimesmo es verdad que tomaban niños de teta por los brazos y los echaban arrojadizos cuanto podían, e otros desafueros y crueldades sin propósito que me ponían de espanto, con otras innumerables que vi que serían largas de contar... [171]*

Muchos crímenes realizaron. Entonces, ¿por qué los conquistadores habrían de asombrarse del sacrificio humano? Ellos que asesinaron hombres, mujeres y niños en Cholula, acto cruel que hicieron solamente por temor ante la desproporción

---

[169] *Ibíd.*, p. 118.
[170] *Loc. cit.*
[171] *Ibíd.*, p. 129.

numérica de los habitantes. O bien, ellos que permitieron e incitaron a que los tlaxcaltecas asesinaran a 150,000 mexicas, ya completamente terminada la guerra de conquista de la Gran Tenochtitlán y destruida ésta. Ellos, que asesinaron y destazaron feroz e impunemente a la aristocracia, cuando estaban desarmados y danzando en el *Templo Mayor* en la celebración del *Toxcatl*, la cual era un acto de comunión completa, de espíritu, cuerpo y mente con Dios.

Antes de proseguir, debemos decir que Cortés siendo estadista y estratega de altos vuelos, además era un hombre que tenía las características de un alma negra. Hay estudios donde se ha analizado el contenido de sus 'cartas de relación', como un montaje de juegos retóricos-políticos para ganarse el servicio de Carlos V y justificar varios derechos que se adjudicaba, ya que *"la conquista de México sólo tiene sentido si se ubica dentro de la sangrienta expansión europea"*. [172] Así, para la historiadora Eulalia Guzmán, Cortés además de exagerar los hechos para su conveniencia, también deformó el pensamiento azteca, esto para justificarse a sí mismo y proclamarse portador del pensamiento monoteísta cristiano.

> *Muy engañado estaba Cortés o querría engañar*
> *al rey acerca de las creencias religiosas de los*
> *mexicanos, pues éstos afirmaban la existencia de una*
> *divinidad suprema infinita, invisible, más allá de todo*

---

[172] Miguel Ángel Segundo Guzmán. "Grafías del Conquistador: horizontes de significado señorial en las "Cartas de relación" de Hernán Cortés", *Historia y grafía*, núm. 46, 2017, p. 206.

atributo, e imposible de ser representada; le llamaban
Ipalnemohuani, el Señor de la Vida, origen de todas las
cosas, aquel en quien somos y por quien somos.[173]

Para Bartolomé de las Casas, Cortés era *"un tirano al igual que sus capitanes"*.[174] Resolvía con el asesinato cualquier contradicción que se le antojara. Así, mandó a su cuñado a que asesinara al correo del Gobernador Velázquez de Cuba, cuando iba a entregarle la anulación del documento que lo había nombrado conquistador de México. También, asesinó al escribano mandado por la corte para fincarle un juicio de residencia.

Otro de sus crímenes más discutidos fue el de su esposa Catalina Suárez Marcayda (s.f. – 1522). Ella se enfadó ante el harén que tenía formado con nativas, españolas, solteras, y casadas. El historiador Juan Mirelles sostiene que él la sedujo por puro entretenimiento, y que se vio obligado a casarse por las presiones de su futuro cuñado Juan y por su patrón de ese entonces el gobernador de Cuba Diego Velázquez, quien tenía a una hermana de Catalina por amante.[175] En una fiesta en su casa de Coyoacán la servidumbre había visto moretones en la garganta de la señora, causa de una disputa y donde ella amaneció muerta; Cortés registró la muerte por problemas de

---

[173] Guzmán, Eulalia. *Relaciones de Hernán Cortés a Carlos V sobre la invasión de Anáhuac. Aclaraciones y rectificaciones por la profesora Eulalia Guzmán.* Ciudad de México: Instituto Nacional de Estudios Históricos de las Revoluciones de México, INEHRM, 2019, p. 645.
[174] Bartolomé De Las Casas, *op. cit.,* p. 62.
[175] José María González Ochoa. *Protagonistas desconocidos de la Conquista de América*, Madrid: Nowtilus, 2015

salud. Tiempo después, María Marcayda (madre de Catalina) inició dos juicios contra Cortés, en uno lo acusaba del homicidio de su hija y el otro le demandaba los gananciales del matrimonio. Los cronistas de la época hicieron ver que Cortés se había apresurado a enterrar muy pronto el cadáver, sin hacer una justa despedida para sus familiares, incluso uno de sus allegados da a entender entre líneas lo sombrío del asunto cuando escribe *"por esta causa no tocaré más en esta tecla"*.[176]

A continuación se hablarán de esos crímenes que fueron grandes genocidios de la conquista española. El ejército español liderado por Cortés había llegado a la costa del Golfo Mexicano, librando otras crueles batallas, en donde habían establecido alianzas con los totonacas y posteriormente con los tlaxcaltecas. Llegaron a Cholula donde fueron bien recibidos, los embajadores de Moctezuma les llevaron presentes que incluían oro, mantas y otros textiles. El mismo conquistador Bernal Díaz del Castillo (1492 ca. - 1585,) confirma aquellas atenciones, donde los aztecas permitieron que los conquistadores entraran con algunos líderes de otros pueblos que no estaban aliados con México-Tenochtitlán. *"Nos llevaron [a] aposentar a unas grandes salas, en que estuvimos todos, y nuestros amigos de Cempoal y los tlaxcaltecas que llevaron fardaje. Y nos dieron de comer aquel día y otro muy bien y abastadamente"*. [177]

Subsiguientemente, Bernal escribe que Moctezuma previamente había mandado un escuadrón de 20,000 hombres

---

[176] Bernal Díaz del Castillo, *op. cit.*, *p.* 82. Era frecuente que en temas delicados el autor usara esa frase para no tocar más el tema, por ejemplo en las matanzas, o en lo que él consideraba contrario a las crónicas de los frailes.
[177] *Ibíd.*, p. 238.

para emboscarlos en la ciudad. No obstante, Bartolomé de las Casas ofrece la otra versión, en la que los españoles decidieron actuar primero, y ahí donde los habían hospedado con todas las distinguidas atenciones, decidieron hacer una matanza para sembrar temor, y dar un aviso de advertencia a las comarcas aledañas. *"Porque siempre fue ésta su determinación en todas las tierras que los españoles han entrado conviene a saber: hacer una cruel e señalada matanza porque tiemblen dellos aquellas ovejas mansas"*.[178]

Para comenzar este plan, primero llamaron a todos los nobles y gobernantes, y así como llegaban los apresaban, después los mandarían a quemar vivos. Apartaron a unas 6,000 personas para que después pudieran servir como cargadores de sus provisiones, y luego convocaron a todos los demás, custodiaron las salidas de los patios y se dispusieron a matarlos a todos. Unos cuántos pudieron escapar al templo principal para defenderlo, y Cortés mandó a prenderles fuego. Los pobladores se escondieron entre los cadáveres, y al cabo de un par de días salieron a pedir clemencia. *"Iban llorando ante los españoles pidiendo misericordia, que no los matasen. De los cuales ninguna misericordia ni compasión hubieron, antes así como salían los hacían pedazos"*.[179]

Este atropello militar de Cortés fue severamente criticado por varios frailes, y más tarde sus acciones desataron un proceso en su contra iniciado en 1529 y que duró hasta su muerte. Es fácil pensar que la teoría de la emboscada que

---

[178] Bartolomé De Las Casas, *op. cit.*, 54.
[179] *Ibíd.*, p. 55.

escribió Bernal no fue cierta, nuestras investigaciones ofrecen los siguientes argumentos:

- Aquellas 20,000 personas no eran guerreros puesto que no tenían armas, de hecho algunos se unieron a la comitiva de recibimiento de los españoles, eran pobladores.

- De haber sido guerreros, por lo menos hubieran tenido un entrenamiento básico militar y usarlo a su favor ante tremenda ventaja numérica.

- No organizaron ni hicieron un contrataque porque sencillamente no tenían un líder de ejército, lo que confirma más su estatus de civiles.

- Moctezuma ya había enviado varios mensajeros a Cortés en distintos momentos, mismos que en cada encuentro llevaron obsequios, esto para intentar disuadir los planes de una guerra inmediata.

- De haber querido, Moctezuma hubiera mandado a emboscarlos, sin embargo, esos no eran sus procedimientos; este el argumento principal. Recordemos que antes de cualquier guerra, los aztecas siempre planteaban múltiples negociaciones.

Este último punto da mucho qué pensar. A pesar de que Cortés realizó alianzas con varios pueblos que ya se habían sumado a su ejército, aunque ya había librado crueles batallas, atrocidades y pactos desde su llegada a lo que hoy es el territorio mexicano en *Centla, Zempoala, Tlaxcala* y *Cholula*, aun así, fue bien recibido cuando entró a *Tenochtitlan*.

Todavía en estos tiempos, hay un aire de desinformación que supone que los conquistadores habían llegado por sorpresa, provocando un total desconcierto entre la población de *Tenochtitlan*, y que a su entrada de la ciudad serían venerados por todos, sin embargo esto no fue así.

Como ya se ha comentado, Cortés ya se había topado con gente de Moctezuma anteriormente. En distintas ocasiones el *Huey Tlatoani* había mandado varios heraldos con grandes presentes de buena voluntad, asimismo algunos *calpixque* (funcionarios encargados de la administración que los españoles los llamaron mayordomos) ya habían tenido contacto con los españoles, y sin que él lo supiera del todo, con espías aztecas.

En el caso de los *calpixque*, hay una historia en Zempoala que muestra la estrategia de Cortés, quien armó un juego a base de mentiras. Por un lado aconsejó a los líderes totonacos para que aprehendieran a cinco de los recaudadores de Tenochtitlan, pero por otro lado mandó a liberar en secreto a un par de dichos funcionarios, *"mira que soltéis a dos de ellos, los más diligentes que os parecieren, de manera que no lo sientan los indios de estos pueblos"*,[180] luego habló con los recaudadores liberados, preguntándoles por qué estaban presos, fingiendo inocencia y amistad a Tenochtitlan para enviar un mensaje.

> *Y Cortés respondió que él no sabía nada, y que le pesa de ello, y les mandó dar de comer y les dijo*

---

[180] Bernal Díaz del Castillo, *op. cit.*, p. 150.

palabras de muchos halagos y que se fuesen luego a decir a su señor Montezuma cómo éramos todos nosotros sus grandes amigos y servidores.[181]

Posteriormente, Cortés se hizo el enojado con la población porque los 'habían dejado escapar' a dos de sus enemigos, los totonacos se preocuparon porque Moctezuma estaría al tanto de su rebelión, y se libraría una disputa, a lo que el capitán español actuó, *"y dijo Cortés con semblante muy alegre que él y sus hermanos que allí estábamos, les defenderíamos y mataríamos a quien enojarlos quisiese".*[182]

En realidad, hubo dos posturas contrarias entre los totonacos, que no siempre son debatidas. Una por unirse a los españoles, y la otra por tratar de enmendar su omisión, explicando que los españoles los habían forzado a esa decisión.

Aplacar a Motezuma, inviándole embaxadores con los tributos y otros ricos presentes, desculpándose de la locura y dislate que habían cometido contra la majestad mexicana, a la cual de nuevo pedían perdón de su culpa. [183]

No sabemos exactamente bajo qué circunstancias eligieron los totonacos, probablemente bajo amenaza de una

---

[181] *Loc. cit.*
[182] *Loc. cit.*
[183] Francisco Cervantes de Salazar. *Crónica de la Nueva España que escribió el Dr. D. Francisco Cervantes de Salazar Cronista de la Imperial Ciudad de México*, Manuel Magallón (ed.), Madrid: The Hispanic Society of America, 1914, p. 167.

matanza. Cortés tomó ventaja y llamó a su notario Diego de Godoy para hacer por escrito el pacto entre totonacas y españoles. Finalmente, cuando llegaron otros emisarios de Moctezuma, Cortés reitera su 'amistad' con el *Huey Tlatoani*, les dice que los ha salvado de los totonacas, *"ve su amistad recompensada como siempre, con suntuosos regalos. Difícilmente puede llevarse más lejos el arte de la intriga política"*. [184]

Esto nos habla muy bien de las distintas concepciones de guerra y diplomacia entre el mundo europeo y del altiplano central, sobre todo en algo que se valoraba mucho en América en ese entonces: el poder de la palabra.

Respecto a los espías aztecas, los guerreros serpiente y ratón no siempre salen en las historias de los cronistas porque su función era justamente esa, pasar desapercibidos. Asimismo, el imperio del Anáhuac basaba sus relaciones políticas en el comercio, y en ese gremio también había espías, y su función era informar de cualquier anomalía. Además, los guerreros serpiente y ratón eran mensajeros que corrían grandes distancias, cualquier información correspondiente a la comunidad del imperio era rápidamente notificada. Es muy ingenuo pensar que al arribo de los españoles los aztecas no supieran que había una presencia ajena al mundo mesoamericano, prácticamente se comerciaba y se hablaba nahuatl en toda la región; de ahí que Cortés vio una gran oportunidad con *Malintzin*.

---

[184] Jean Marie Gustave Le Clézio. *El sueño mexicano o el pensamiento interrumpido.* México D. F.: FCE, 2010, p. 18.

Moctezuma estaba perfectamente informado de quiénes eran los españoles, incluso ya sabía de las anteriores expediciones hechas dos años antes a la llegada de Cortés, contaba con información oral y gráfica detallada de las batallas previas,[185] incluso sabía de los arribos de españoles como el de Juan de Grijalva, y quizá hasta de los naufragios de Gonzalo Guerrero y Jerónimo de Aguilar.

Los aztecas ya sabían a quiénes esperaban y que los españoles no eran seres celestiales, como narran algunas crónicas desde el lado de los conquistadores. *"Venían muchos de aquellos mexicanos a ver hombres tan nuevos, tan afamados: y sorprendidos de las barbas, vestidos, armas, caballos y tiros, decían: «Estos son dioses»".* [186]

Nuestra investigación respecto al tema señala que esta confusión se debe a que los españoles enmarañaron lo que alcanzaron a comprender de la fonética, y confundieron las palabras nahuatl *tecuhtli* (señor con mucho respeto o líder de una provincia, quitando las consonantes intermedias queda teuli), y *téotl* o dios, que por cierto muchos cronistas lo asimilaron como *teutl.* Así nace la deformación *teul* o *teúl,* que suponían que se equiparaba con Dios, nada más erróneo. Ni si quiera ellos sabían bien a qué se referían con ese término, así lo explica el mismo Bernal Díaz, *"nos llamaban teules, que es nombre como de sus dioses, o cosas malas, desde ahí adelante nos tenían por*

---

185 Información que viene detallada en el capítulo LXXXIX de Bernal Díaz del Castillo, *Historia verdadera...* y con Sahagún en el libro XII, capítulo II de *Historia General de las cosas de Nueva España.*
186 Francisco López de Gómara. *Historia General de las Indias, II. Conquista de Méjico,* Barcelona: Orbis, 1985, p. 103.

adivinos".[187] Los aztecas tenían una concepción muy distinta de Dios, misma que se ha comentado y que pone en manifiesto que nunca podrían concebir a los conquistadores como dioses, esta visión es completamente errónea; más bien se refirieron a ellos como dirigentes.

La Real Academia Española (RAE) describe que *"teul proviene del náhuatl téotl o teutl"* [188] *y a su vez es de origen hondureño, designando a "un español que llegaba a América, o un extranjero explotador".* [189] Sin embargo, las palabras nahuatl que se asemejan a esos vocablos son *chontalli* para nombrar a un extranjero, en especial a los que no hablan nahuatl, e *ixcuepa* para engaño o para una persona que va por mal camino, *teixcuepani* para alguien que engaña. Esta estrategia les asentaba bien a los conquistadores para atribuirse un estatus superior, pero nuevamente, fue otro de los tantos malos entendidos y confusiones lingüísticas.

A pesar de todo esto, ¿cómo fue la llegada de estos conquistadores a la capital de la *Excan Tlatoloyan*? Sabiendo de las tantas matanzas cometidas anteriormente, de las constantes mentiras a favor de una supuesta amistad. ¿Qué clase de amigo te apuñalaría por la espalda? Démosle crédito al sentido común, a la inteligencia humana. No hay que confundir las cualidades y criterios asertivos de una civilización con ignorancia. La diplomacia ante todo, la amabilidad sigue siendo un rasgo característico en la sociedad mexicana actual. ¿Es tan difícil

---

[187] Bernal Díaz del Castillo, *op. cit.,* p. 248. Véase la sección III Teología y cosmovisión de los aztecas de este libro para ahondar en su concepto de Dios.
[188] RAE. Teúl. https://dle.rae.es/teul
[189] *Ídem.*

comprender los antiguos protocolos mexicanos para evitar un desastre?

El 8 de noviembre de 1519, es la fecha oficial en la cual Hernán Cortés y su ejército pisan territorio perteneciente a la *Excan Tlahtoloyan*. Como es de esperar, los españoles son bien recibidos en *Iztapalapan*, con toda clase de regalos y obsequios de cortesía, al igual que los tantos gestos pasados de atención. Finalmente, *Moctezuma* encuentra a Cortés y su ejército en lo que hoy son las calles de República del Salvador y Pino Suárez, el *Huey Tlatoani* los aloja en los palacios de *Axayacatl*. Posteriormente, Cortés sale a una misión para arreglar asuntos con Pánfilo de Narváez, dejando a su cruel y despiadado capitán Pedro de Alvarado.

A este último individuo fue a quien se le atribuye la matanza del Templo Mayor en la celebración del *Toxcatl* del 23 de mayo de 1520. Ésta consistía en una representación de *Huitzilopochtli*, su cuerpo estaba formado por una diversidad de semillas agrupadas en una masa de amaranto, maíz y frijoles. Los presentes, quienes en su mayoría eran nobles, pero también había guerreros y gente del pueblo se encontraban en ayuno, desarmados y danzando con música y cantos; intentando entrar en comunión con la representación de su ancestro y con su Señor del Firmamento, que es el objetivo esencial de la danza espiritual azteca, *"y todos los hombres, los guerreros jóvenes, estaban como dispuestos totalmente, con todo su corazón iban a celebrar la fiesta"*.[190] Entonces, Alvarado aprovechó para

---

[190] Miguel León-Portilla, *La visión de los vencidos. Relaciones Indígenas de la conquista*, Ciudad de México: UNAM, 2017, p.96

mandar sigilosamente al ejército a flanquear los patios y custodiar las salidas, pero simulando ver la celebración para no levantar sospechas.

Inmediatamente cercan a los que bailan, se lanzan al lugar de los atabales: dieron un tajo al que estaba tañendo: le cortaron ambos brazos. Luego lo decapitaron: lejos fue a dar su cabeza cercenada. Al momento todos acuchillan, alancean a la gente y les dan de tajos, con las espadas los hieren. A algunos les acometieron por detrás; inmediatamente cayeron por tierra dispersas sus entrañas.[191]

Comienzan con las espadas desnudas a abrir aquellos cuerpos desnudos y delicados e a derramar aquella generosa sangre, que uno no dejaron con vida; lo mesmo hicieron los otros en las otras plazas (…) Vista por los indios cosa tan injusta e crueldad tan nunca vista, en tantos innocentes sin culpa perpetrada, los que habían sufrido con tolerancia la prisión no menos injusta de su universal señor porque él mesmo se lo mandaba que no acometiesen ni guerreasen a los cristianos.[192]

Corría la sangre la sangre por el patio como el agua cuando llueve, y todo el patio estaba sembrado de cabezas, brazos y tripas, y cuerpos de hombres

---

[191] *Ibíd.*, p. 98.
[192] Bartolomé De Las Casas, *op. cit.*, p. 58-59.

muertos; por todos los rincones buscaban los españoles a los que estaban vivos para matarlos.[193]

Esta horrible carnicería no tiene una cifra fija de los muertos, lo que se sabe es que la mayoría de la nobleza mexicana fue asesinada. Al igual que en Cholula, los cronistas militares argumentaron una posible rebelión, nuevamente una que no tenía fundamento al no tener un plan de estrategia por parte de los habitantes de México, ya que esos días eran para guardar respeto.

Los modos de guerra fueron muy distintos entre ambos mundos, los procedimientos de alianzas y treguas, la concepción del honor, la idea de pelear limpiamente, sembrar la discordia como acto de justificación para realizar atrocidades, atacar por la espalda. Difícilmente se comprenderá el contexto mesoamericano cuando la gente de los tiempos actuales cree que 'en el amor y la guerra todo se vale'.

Así, por similar línea, el investigador Gabriel Kruell se cuestiona como muchas personas más, una pregunta de casi 500 años que nunca tendrá respuesta, pero que apunta a imaginar otros escenarios.

¿Hubiera sido posible "llevar la fiesta en paz", como solemos decir en México, y evitar no sólo una masacre innecesaria, sino también una guerra de

---

[193] Bernardino de Sahagún. *Historia general de las cosas de Nueva España,* Ángel María Garibay (anotaciones), México: Porrúa, 2016, pp. 715-716.

conquista que sigue siendo una herida abierta en la historia de este país?. [194]

Esas y otras situaciones no son exageración como quisieron decir muchos en España, que repitieron algunas de nuestras universidades y que aún hoy persisten en distintos medios más de medio siglo después. Así en el 2017 el responsable de la televisión pública española afirmaba que *"lamentar la desaparición del imperio Azteca es como mostrar pesar por la derrota de los nazis en la Segunda Guerra Mundial. La cultura azteca era un totalitarismo sangriento fundado en los sacrificios humanos".* [195] Esa comparación entre los aztecas y las guerras mundiales, previamente ya la había cuestionado el investigador Jacques Soustelle que con tristeza e impotencia da a entender que aún así las cifras se quedan cortas en México comparado a los decesos en Europa (considerando sólo el siglo XX), y que la función de la guerra y el sentido de la pérdida de la vida humana fueron totalmente distintas.

Si se quiere comparar la civilización de los aztecas y la nuestra, no deben compararse las cifras de los sacrificios humanos: "cristianos, 0; aztecas, tantos millares", sino las pérdidas en tiempos de guerra en

---

[194] Gabriel Kruell. La fiesta de Tóxcatl y la matanza del Templo Mayor, México, *Noticonquista*, consultado el 19 de marzo de 2020:
 http://www.noticonquista.unam.mx/amoxtli/2054/2050.
[195] *Apud.* Eugenia Coppel y Álvaro Llorca. "¿Los aztecas eran como los nazis? Cuatro historiadores responden al discurso del presidente de RTVE", *Verne El País*, 6 de abril de 2017, consultado el 15 de julio de 2017, disponible en: https://verne.elpais.com/verne/2017/04/06/mexico/1491435975_945457.html

Europa y las ocasionadas por los sacrificios humanos en México. Entonces resulta evidente que el mismo emperador Ahuízotl, que consagró el gran templo de México con la sangre de 20 mil víctimas, no eras más que un niño al lado de nuestros jefes de guerra y hombres de Estado. Hubieran sido necesarios a los dioses muchos siglos para devorar tantos corazones como los que dejaron de latir de 1914 a 1918 y de 1939 a 1945. Aunque multiplicado, el sacrificio era un acto individual y no una destrucción en masa. [196]

Todavía en agosto del 2021, en la conmemoración de los 500 años de la caída de Tenochtitlán, el partido Vox se regocijaba del evento con comentarios que fomentan la justificación de la invasión en México.

Tal día como hoy de hace 500 años, una tropa de españoles encabezada por Hernán Cortés y aliados nativos consiguieron la rendición de Tenochtitlán. España logró liberar a millones de personas del régimen sanguinario y de terror de los aztecas. Orgullosos de nuestra historia. [197]

Estas situaciones ponen en manifiesto que mientras seamos seres humanos, seguiremos siendo capaces de lo mejor

---

[196] Jacques Soustelle. *El universo de los aztecas*, J.J. Martínez y J.J. Utrilla (trad.), Ciudad de México: FCE, 2012, p. 11.
[197] Vox (@vox_es), "Tal día como hoy de hace 500 años, una tropa de españoles encabezada…". Twitter, 13 de agosto de 2021.

y de lo peor. En condiciones de impunidad completa, y con la posibilidad de disponer sin límites de la vida ajena, solamente nuestra conciencia será nuestra guardiana, y el uso de nuestro libre albedrío a favor del bien será el custodio del bien propio y ajeno.

Sin embargo, hubo otro gran crimen de Cortés cometido a raíz de la expedición a *Las Hibueras* (Honduras), uno que incluso sus mismos hombres cuestionaron según narra Bernal Díaz, el asesinato del último *Huey Tlatoani Cuauhtemoc*, no sin antes torturarlo de distintas maneras para saber hasta el último detalle de las riquezas que albergaba la última civilización de México. Esta acción se convirtió en el asesinato político más miserable de la historia de México, junto con el de los hermanos Madero y Pino Suárez a manos de Victoriano Huerta.

América y el nacimiento del Derecho Internacional de Gentes

La ética global en la República Universal. La teología como ciencia omnicomprensiva.

En el año de 1511, en la isla de *La Española*, el dominico Fray Antonio de Montesinos (1475-1540), basándose en el Salmo 133 del Antiguo Testamento, el que empieza con la frase, *"¡Mirad cuán bueno y cuán agradable es que los hermanos habiten juntos en unidad!",* anunció a los españoles ahí presentes que todos estaban en pecado mortal, a causa del trato criminal que daban a los nativos de aquellas islas, y que de seguir por esa senda, no tenían posibilidad alguna de salvarse ante los ojos de Dios.

La presión de la comunidad española para callar la boca de Fray Antón fue tremenda, pero aquellas homilías providenciales y luminosas fueron escuchadas por Bartolomé de las Casas, y lo convirtieron, a él que era encomendero. En un pasaje Bartolomé describe uno de los sermones de Fray Antón, donde incluso habla que deberían amarlos como parte del prójimo:

> *Todos estáis en pecado mortal y en él vivís y morís, por la crueldad y tiranía que usáis con estas inocentes gentes. Decid, ¿con qué derecho y con qué justicia tenéis en tan cruel y horrible servidumbre aquestos indios? ¿Con qué autoridad habéis hecho tan*

detestables guerras a estas gentes que estaban en sus tierras mansas y pacíficas, donde tan infinitas dellas, con muertes y estragos nunca oídos, habéis consumido?... ¿Estos, no son hombres? ¿No tienen ánimas racionales? No sois obligados a amallos como a vosotros mismos? ¿Esto no entendéis? ¿Esto no sentís? ¿Cómo estáis en tanta profundidad de sueño tan letárgico dormidos? [198]

Fray Bartolomé emprendió ahí, y por el resto de su vida, una campaña de denuncia permanente de las maldades que en estas tierras americanas se estaban cometiendo. Sus obras: Memorial *de remedios para las indias* (1518), *De unico vocationis modo* (1537), *Tratado sobre los indios que se han hecho esclavos* (1552), la *Brevísima relación* (de la que ya se ha comentado en el capítulo anterior), y otras más, describen estas atrocidades.

El fraile también rivalizó arduamente con Juan Ginés de Sepúlveda (1490-1573) en el debate de Valladolid (1550-1551, también conocido como 'polémica de los naturales'). Ginés de Sepúlveda defendía la esclavitud y conquista de los 'indios', basado en una supuesta inferioridad congénita, misma que atribuía a las mujeres, todo ello apoyándose en el pensamiento de Aristóteles y de Maquiavelo. No obstante, Fray Bartolomé aconsejó literalmente 'mandar a paseo a Aristóteles y a Maquiavelo', pues se disponía del mensaje del Señor Jesucristo,

---

[198] Bartolomé De Las Casas. *Historia de las Indias, volumen II,* Agustín Millares (ed.), México: FCE, 1951, 1995, pp. 441-442.

en el que todos los seres humanos tenemos la más grande de las categorías, la de hijos de Dios.

Una diferencia abismal entre la 'verdad de la tierra' como la de Aristóteles, y la 'verdad del cielo' como la de Jesús. Pues nadie en aquella época consideraba a cualquier ser humano, independientemente del sexo, edad, raza, o condición social, como verdaderamente igual a cualquier otro, por eso Bartolomé recurrió al mensaje de Jesús, además de ser hombre religioso.

Por el mismo lado, así como Fray Antón de Montesinos encendió en Fray Bartolomé la pasión por la defensa de los nativos, éste encendió la misma pasión en el Padre Francisco de Vitoria (1483 ca. - 1546). En el ámbito legal Fray Bartolomé dio lugar a las *Leyes nuevas* (1542) de Carlos V, donde se ordenaba respetar la vida y los bienes de los 'indios', por un lado similar, el Padre Vitoria dio lugar a la *Escuela de Salamanca*, con su *Derecho Internacional de Gentes* o *Ius gentium,* uno que aún hoy sorprende.

Este pensamiento era opuesto al de Maquiavelo, quien decía que el Príncipe es soberano absoluto, dueño y amo de decidir qué es el bien y el mal, puesto que él es su propio referente moral y ético, creando su propio derecho y no sometido a la moral común. Por el contrario, el Padre Vitoria decía que cada ser humano es soberano y que por ende, la gente es soberana y no sólo el príncipe. La diferencia es clara, Maquiavelo estaba conscientemente al servicio del poder malsano, favoreciendo los estados totalitarios y dictaduras; el otro estaba conscientemente al servicio de la gente y del bien, preparando el más humanista y democrático de los derechos.

Vitoria defendía que todos los hombres son libres, y tienen los mismos derechos, incluyendo los niños, las personas con dificultades mentales y los incapacitados de todo tipo. Igualmente, proponía que nadie es más que otro, que nadie le dio al Rey o al Papa la propiedad de las Américas, que donde hubo tortura no puede haber condena, que toda nación tiene derecho a gobernarse a sí misma, que ante la pena de muerte el reo tiene derecho a escapar (no importando cual fuera la falta que lo llevó a esa condena), que aún una guerra justa deja de serlo si causa más mal que bien, que ningún súbdito debe ir a guerra alguna si le consta que es injusta, con lo cual no hay obediencia ciega para cometer crímenes, y muchos argumentos más que hoy consideramos parte de los derechos humanos fundamentales.

Se pronunciaba también respecto a la propiedad privada declarándola legítima, así como el comercio y las actividades financieras, pero aclarando que, en caso de necesidad extrema, ésta debía ceder su lugar al interés común. Este último punto no se quedaba en plano teórico, sino que tiene su origen en la práctica nahua de hacer comunidad a través del intercambio de saberes y productos, específicamente con el *tequio*, que son los trabajos colaborativos para la comunidad, una obligación donde todos contribuyeran al desarrollo de una población y al mejoramiento local, es decir del bien común.

Era tal la modernidad del pensamiento de Vitoria, que afirmaba que el orbe entero constituía una sola república, que debía ser regida por leyes justas, es decir, estaba planteando los principios de un gobierno mundial a partir de una ética global, una que fuese libre y universal, donde la movilidad humana fuese asequible, permitiendo el flujo e intercambio de ideas y cosas.

Con el paso del tiempo, la obra de Vitoria se ha comenzado a visibilizar. La ONU le rindió un homenaje en la Sala del Consejo del Palacio de las Naciones de Ginebra que lleva su nombre.

Por otro lado, Vitoria como hombre de fe sabía perfectamente la naturaleza de sus reflexiones al afirmar que "la teología es una ciencia omnicomprensiva", ya que no hay nada más productivo para cualquier tipo de reflexión que el abordaje de cualquier tema desde la perspectiva de la fe en Dios.

Haciendo un paréntesis para ejemplificar esta teología omnicomprensiva, recurriremos a la física y a San Agustín (354-430).

En un principio la macrofísica aseveraba 'lo que no es real no puede ser percibido', principio de estricta objetividad; y la microfísica defiende 'lo que no es percibido no es real', principio de estricta subjetividad. Dos nociones aparentemente irreconciliables y perfectamente antagónicas, diríamos que no pueden ser verdad ambos a la vez. Sin embargo, a finales del siglo cuarto de la era cristiana, San Agustín, en reflexiones producidas estrictamente dentro de esa ciencia omnicomprensiva dijo, "en cuanto a las cosas que tú has hecho Señor, nosotros las vemos porque existen y existen porque tú las ves". ¡Increíble! Este hombre no sólo formuló exactamente el mismo dilema que la física actual, sino que lo resolvió desde su pensamiento teológico, ¡hace más de mil seiscientos años!

Pero ¿qué tiene que ver con los aztecas todo este pensamiento del Padre Vitoria y de la Escuela de Salamanca? Básicamente tres puntos:

- Un llamado de atención ante los maltratos que recibieron los habitantes de este continente.
- La toma de conciencia de los frailes por hacer el bien, exigiendo derechos desde la teología como ciencia omnicomprensiva, y estableciendo cambios jurídicos importantes para la época.
- La retroalimentación de los puntos positivos que ya existían en los pueblos americanos, que también fueron objeto de inspiración.

En esto último, los aztecas, al ser eje central de un territorio extenso, destacan con su concepción del trabajo colaborativo, el crecimiento y desarrollo personal en beneficio de la sociedad, la educación universal, la higiene y la salud como un derecho de los ciudadanos, el libre comercio y la integración de sus ideas preservando las de los otros pueblos, cuando son encaminadas al bien, claro, con sus métodos propios que tuvieron en aquella época.

Entonces, los aztecas junto con todos los demás habitantes originarios del continente americano fueron el objeto que desencadenó esa serie de pasiones, las cuales no se hubieran dado sin que esos frailes estuvieran inflamados con la pasión de la fe en Dios, misma que puente importante que compartían con los nahuas. Además, esa batalla decidida por el bien de los aztecas creó un ámbito mágico que percibieron y reconocieron algunos frailes, en el que ese pensamiento, esa fe, pudiera desenvolverse para realizar cambios de todo tipo en la época.

Recapitulando, debemos saber que estos pueblos originarios de América jugaron un papel decisivo, tanto en el surgimiento de la Escuela de Salamanca, del Derecho Internacional de Gentes, del concepto moderno de nación, y no sólo en virtud de la protección de ese pensamiento que los caracterizaba, sino también en que el ser político indio-americano es parte constitutiva del ser político de nuestra actual cultura universal.

Estos pueblos no son aquellos que percibimos como surgidos de una historia interesante pero trunca, que no se incorporaron al cuerpo central de la cultura universal, por el contrario, son parte constitutiva y significativa de ella.

Excan Tlahtoloyan o la última confederación en la Triple Alianza

Las confederaciones en América. El nacimiento de la Nación Norteamericana. Funciones de la Excan Tlahtoloyan.

En la parte hispana del continente repercutió principalmente en el nacimiento del derecho internacional, veamos ahora lo que ocurrió en el norte, en la parte inglesa. Para bien valorar la siguiente información, es necesario remontarse a la fundación de EUA y comprender sus alcances.

Al elaborar la Declaración de Independencia y la Constitución, los padres de la nación norteamericana establecieron el derecho individual para buscar la propia felicidad del modo que Dios le diera a entender a cada uno. Con esto, estaban creando algo impensable e inédito para la época, pero que también la humanidad entera está transitando en la actualidad. Estaban creando la primera sociedad moderna libre, basada en el pleno reconocimiento del carácter personal y soberano de cada individuo, la primera surgida en torno al respeto explícito del libre albedrío, destinada a desembocar en una humanidad completa de las mismas características.

Sin embargo, para aquellos fundadores no era fácil asumir tal audacia sin ver referentes históricos, en la República Romana y en las democracias griegas.[199] No obstante, hallaron

---

[199] A finales del siglo XVIII había un referente moderno europeo, que fue la Confederación Helvética.

un magnífico ejemplo, ubicado en las mismas tierras que ellos habitaban.

Al este de los actuales Canadá y Estados Unidos, a orillas del lago Ontario, desde el siglo XII existió una confederación de cinco pueblos indios iroqueses: *Cayuga, Mohawk, Oneida, Onondaga y Seneca.* A partir del 1720 se les sumaron los *Tuscarora* y varios pueblos más. Fue una Confederación que duró seiscientos años, en un área de más de 500 km² de longitud y donde sus descendientes continúan el día de hoy. Su capital *Hodinonhsioni* (Pueblo de la casa grande) estaba ubicada en los terrenos de la actual Siracusa, Nueva York.

Tenían una constitución denominada *Gran ley de la paz,* de 117 artículos, y que establecía detalladamente la distribución de áreas, funciones y poderes, entre tribus, clanes, individuos, e incluso sexos. Los clanes eran manejados por las mujeres, y ellas nombraban a los jefes guerreros que eran hombres. Existía un Consejo de Representación de la Población, es decir, un auténtico Parlamento. [200] Todas las decisiones eran por consenso hasta el límite de lo posible, de lo contrario decidían por mayoría (los cuáqueros imitaron este sistema).

Benjamín Franklin (1706-1790) conocía muy bien la Confederación Iroquesa, puesto que trató con ella durante las guerras franco-inglesas, en las que ambos bandos buscaban aliados entre la población indígena. Esta Confederación Iroquesa no era una simple alianza de tribus, sino una verdadera

---

[200] El segundo de la historia, después del Althing en Islandia, compuesto por hombres, pero también propuestos por mujeres.

Confederación política que influyó en Franklin y en los fundadores del nuevo país.

Es importante resaltar que la tendencia a la Confederación era recurrente en los habitantes originarios del continente Americano. Al inicio de la historia con la Confederación que se tenía en la Atlántida, la de los 7 pueblos Nahuatlaca del *Chicomoztoc* (*Xochimilca, Chalca, Tepaneca, Acolhua, Tlahuica, Tlaxcalteca y Azteca*), la Confederación de los mayas con la Liga de Mayapán (Uxmal, Chichén Itzá y Mayapán). En el posclásico, la Confederación de los pueblos Chalcas (el *Chalcayotl* integrado por Tlalmanalco, Amaquemecan, Chimalhuacán y Tenanco Texocpalco), la Confederación de los Purepecha (Tzintzuntzán, Ihuatzio, Pátzcuaro), y desde luego, la última que se dio en el Valle del Anáhuac, la Triple Alianza (Tenochtitlán, Texcoco y Tlacopan). Asimismo, en la parte sur del continente existieron estas alianzas, por ejemplo, la Confederación Muisca en Colombia, la Confederación Chanca y la Confederación Cusqueña Inca en Perú, la Confederación de los Mapuche, donde los españoles se vieron obligados a firmar un tratado de paz al no poder conquistarlos.

En las investigaciones no se ha encontrado un término específico en nahuatl para designar la "triple alianza", algunas de las más conocidas son: *Étetl tzontecómatl in altépetl* (las tres ciudades cabeceras), *Excan tzontecómatl tlahtoloyan* (lugar de gobierno de las tres capitales), y *Excan Tlatoloyan* (el gobierno de las tres sedes, con posibilidad a que el último término se relacione con el concepto tribunal).[201]

Los pactos y alianzas eran una manera para la toma de acuerdos y negociaciones. Como se observa, había pueblos que cambiaban intereses y las alianzas se modificaban, manteniendo una necesidad de comunidad.

> *La alianza se consideraba una institución de equilibrio político regional, lo que justificaba no solo su firme institucionalización, sino su calidad de organismo supraestatal –al menos en ciertas funciones administrativas y judiciales– y la necesidad imperiosa de su subsistencia, aun cuando las situaciones de desastre o de decadencia política eliminaran a alguna o a algunas de las capitales existentes.* [202]

En el caso de Mesoamérica, existía una tendencia a que sus confederaciones fuesen tripartitas, quizá como evocación de la cosmovisión nahua de los 3 niveles de la existencia. Esta forma de gobierno se remontaba a los tiempos toltecas, *Chimalpahin* narra que existía una primera conformada por *Tollan, Culhuacan y Otompan*; luego, una segunda por *Culhuacan, Coatl ichan y Azcapotzalco*; otra tercera por *Culhuacan, Tetzcoco y Azcapotzalco*; y la última Tenochtitlan

---

[201] María del Carmen Herrera Meza, Alfredo López Austin, y Rodrigo Martínez Baracs. "El nombre náhuatl de la Triple Alianza". *Estudios de cultura náhuatl (online)*, vol. 46, 2013, p. 24.
[202] *Ibíd.*, p. 12.

(con orígenes toltecas-acolhuas), Tetzcoco (tolteca, acolhua, chichimeca) y Tlacopan (otomiana). [203]

En el caso de *Azcapotzalco*, el *Tlatoani Tezozomoc* (s.f. – 1427) tenía a su servicio diversos pueblos, entre ellos los mexica quienes eran sus tributarios, incluso éstos obtuvieron la victoria en *Culhuacan* a beneficio de *Azcapotzalco* cerca de 1367, a tan sólo 3 años de la fundación de *Tenochtitlan*. Las percepciones de los acolhuas y de Fernando de Alva Ixtlilxochitl lo catalogaban como un tirano. Al morir *Tezozomoc*, su hijo *Tayatzin* quien habría de ser el heredero fue asesinado por su hermano *Maxtla* de *Coyohuacan* para usurpar el poder.

Desde que estaba *Tezozomoc*, se denegaba muchas peticiones de los aztecas, por ejemplo los permisos y materiales para la construcción de un acueducto en *Chapultepec*. Sin embargo, los asesinatos del tercer *Huey Tlatoani Chimalpopoca* de *Tenochtitlan* y de su hijo *Teuctlehuac* atribuidos a *Maxtla*, fueron argumento suficiente para romper relaciones.

Estas y otras razones de inconformidad hicieron que los líderes que no estaban a favor del sistema decidieran sublevarse en 1428, *Nezahualcoyotl* de Texcoco, *Itzcoatl* de *Tenochtitlan* y *Totoquihuatzin* de Tlacopan, liderados por el *Cihuacoatl Tlacaelel* de *Tenochtitlan*, derrocaron el gobierno de *Azcapotzalco* y a su vez conformaron la última confederación.

Esta *Excan Tlatoloyan* tenía muchos rasgos sorprendentemente modernos. Sus funciones establecían una alianza militar, la distribución de tributarios y tributos, la

---

[203] *Ibíd.,* pp. 24-25.

cooperación en la construcción de obras públicas y servicios, labores diplomáticas, reconocimiento y validación de los aliados, un ordenamiento político regional, y poder judicial territorial. [204] Además, siempre se guardó la misma proporción del reparto de lo recaudado: dos quintos para Mexico-Tenochtitlen, dos quintos para Texcoco y un quinto para Tacuba, [205] quizá esta última un menor porcentaje por tener menor extensión territorial.

Esta confederación funcionó perfectamente y sobrevivió hasta la llegada de los españoles. Igualmente, el último *Huey Tlatoani Cuauhtemoc* propuso una confederación con el resto de los pueblos mesoamericanos ante los eventos de conquista y la nula posibilidad de negociación con la parte europea, pero su mensaje fue interceptado en algunos lugares, y en otros la respuesta y ayuda ya llegaron muy tarde. Sin embargo, lo que denotaba esta acción, fue la voluntad para resolver los conflictos por la vía políticamente correcta.

---

[204] *Ibíd.*, pp. 21-24.
[205] Jacques Soustelle. *La vida cotidiana de los aztecas en vísperas de la conquista,* Carlos Villegas (trad.), Ciudad de México: FCE, 1970, 2014 (ed.), p. 15.

Los Huey Tlatoque

Origen y designación. Linaje y períodos de cada Huey Tlatoani. Tetzahuitl o presagios.

Como se ha dicho el *Huey Tlatoani* era la figura principal gubernamental de los mexica. Desde su etapa de migración, había una figura principal el *Cuauhtlahto* (quien habla como águila, o alto) también llamado *Cuauhtlatoani.* Con este título, *Tenoch* (1299-1363) fue el último de ellos, quien comenzó a construir las bases del Templo Mayor y a su vez las de una nueva ciudad. Al morir éste hubo un período donde no tuvieron como tal un dirigente con el título que fungiera para esa función.

Los mexicas acudieron a la descendencia tolteca a través de *Nauhyotl, Tlatoani* de *Culhuacan* para que pudiera ayudar a designar un *Tlatoani.* Ambas partes propusieron a *Acamapichtli* (1335 ca. - 1387 ca.), siendo que su madre *Atotoztli* (hija de *Náuhyotl)* estaba casada con un noble mexica *Opochtli Iztahuatzin.*

Este acto manifiesta como primer punto la vinculación con los toltecas por parte *Acamapichtli* y simultáneamente con *Culhuacan*, ya que ambos eran descendientes de los toltecas. Como segundo punto la necesidad de una autoridad que validara una elección. Finalmente, la estrategia política de tener un dirigente aprobado por los demás pueblos y poder organizarse con toda la formalidad que conlleva.

De esta manera, *Acamapichtli* se convierte en el primer *Huey Tlatoani,* sin embargo, siguen rindiendo tributo al *Tlatoani Tezozómoc*, líder de los Tepanecas. Al morir el primer Huey

Tlatoani no designa a ningún sucesor, lo que provoca que esa elección quede en manos de los integrantes de su pueblo, con esto iniciando una especie de consulta entre los 4 barrios originales, junto con Tlatelolca y Chichimeca.[206]

Si bien en un inicio este proceso de consulta estuvo vinculado a las voces de todo el pueblo, poco a poco se hizo más restringido, y al paso del tiempo se constituyó un consenso que recaía en las más altas esferas de su gobierno y sociedad.

Este sistema fue completado a inicios del siglo XV. Así, el consejo electoral consistía en los *tecutlatoque*, los achcacauhtin, los *yaotequiuaque*, los *tlenamacazque* y otros dirigentes. El consejo electoral oscilaba en un centenar de personas que se reunían en las casas reales para llevar a cabo el proceso. Una vez teniendo el resultado, se escogía una fecha adecuada para llevar a cabo la designación en el templo de Huitzilopochtli, donde todos guardaban ayuno durante cuatro días, posteriormente, se escogía otra fecha favorable para hacer una gran celebración en conmemoración del nuevo *Huey Tlatoani*. [207]

---

[206] Hernando Alvarado Tezozómoc. *Crónica Mexicana*, Manuel Orozco (notas), México: Leyenda, 1944, p. 19.
[207] Bernardino de Sahagún. *Historia general de las cosas de Nueva España*, Ángel María Garibay (anotaciones), México: Porrúa, 2016, p. 366.

Período	Nombre	Significado
1375-1395	Acamapichtli	Puñado de cañas
1396-1417	Huitzilihuitl	Pluma de colibrí
1417-1426	Chimalpopoca	Escudo humeante
1428-1440	Itzcoatl	Serpiente de obsidiana
1440-1469ca.	Moctezuma Ilhuicamina	El que se muestra enojado / flechador del cielo
1466-1472ca.	Atotoztli Huitzilxochtzin	Pájaro de agua / colibrí en flor
1472-1481ca.	Axacayatl	El de la máscara de agua
1481-1486	Tizoc	El que hace sacrificio / agujerado de esmeraldas
1486-1502	Ahuitzotl	El espinoso de agua
1502-1520	Moctezuma Xocoyotzin	El hijo menor que se muestra enojado
1520	Cuitlahuac	Espirulina del lago / limo divino
1520-1521	Cuauhtemoc	Águila o sol que desciende

---

[208] A excepción de Atotoztli información basada en Enrique Vela. "Los Tlatoanis Mexicas", *Arqueología Mexicana*, Ciudad de México, núm. 40, octubre 2011, p. 84.

¿Quiénes eran candidatos a ser *Huey Tlatoani*? Cabe destacar que todos los *Huey Tlatoque* fueron parientes cercanos, desde el principio hasta el fin, por lo tanto descendientes de *Acamapichtli*. Esta razón de conservar un linaje fue muy importante para esta sociedad como muchas de reinado en otras partes del mundo. Sin embargo, lo que planteamos en nuestra investigación es que estas designaciones además de pertenecer a una vinculación sanguínea del primer *Huey Tlatoani* pudieran remontarse al conocimiento que está más allá de los *Cuauhtlatoque*, de *Huitzilopochtli*, al período del Aztlán, entre los pueblos *nahuatlaca*, y quizá todavía a la época donde existía un origen común, del cual seguimos investigando.

Sin embargo, la elección entre todos los parientes estaba sujeta a alcanzar esa excelencia que tanto estaban buscando, debía ser alguien que se destacara entre todos ellos por sus habilidades de liderazgo, militares, espirituales, artísticas, administrativas, morales y quizá otras de las cuáles aún no sabemos.

Varias preguntas salen a la luz cuando se cuestiona ¿cómo en tan poco tiempo lograron construir una civilización tan sobresaliente? ¿cómo es que se pudo haber perdido una enorme parte del legado de esta cultura?

Respecto al primer cuestionamiento, podríamos suponer que desde la migración del *Aztlan* ya tenían serios objetivos de expansión y crecimiento como civilización; sus dirigentes no perdieron el tiempo para lograr tan afanosa meta. Igualmente, si tenían conocimientos previos que heredaron de todos los lugares donde habían estado, hay que reconocer que no fue una cultura que empezó desde cero.

Con relación a su casi extinción cultural, definitivamente una parte se le atribuye a la perversidad que ya se comentó, y de la cual mucho se ha aprendido para evitar repetir tremendos genocidios, no hay que perder de vista esto. Por otro lado, aún queda mucho por hacer para el rescate de toda esta información, en revisar qué podemos seguir descubriendo. En ambos casos, seguimos investigando y aprendiendo para resolver lo más posible dichas incógnitas, y también incitamos al lector a formular sus propios pensamientos.

Cuenta el *Códice Florentino* al inicio del libro XII que en las tierras mexicanas presenciaron una serie de 8 *tetzahuitl* (presagios) que vaticinaban la llegada de los españoles con diez años de anticipación:

1. El avistamiento de una llama de fuego, quizá un cometa u otro fenómeno físico.
2. El incendio del templo de *Huitzilopochtli.*
3. La caída de un rayo en el templo de *Xiuhtecuhtli* durante una llovizna.
4. La caída de un meteorito que parecían tres estrellas juntas.
5. El Lago de México con oleaje furioso e hirviente.
6. Un llanto nocturno de una mujer que decía "Oh hijos míos a dónde os llevaré".
7. Unos pescaderos capturaron una grulla extraña con una especie de espejo en la cabeza.

Moctezuma Xocoyotzin miró a través de éste un cielo estrellado, después vio a los españoles montados en sus caballos.

8. Aparecieron seres monstruosos que presentaron ante el *Huey Tlatoani* y luego desaparecieron.

Adicionalmente a estos augurios, también estaba la profecía de Huitzilopochtli y la de Coatlicue en la expedición a Aztlán organizada por Moctezuma I.

Estos *tetzahuitl* cobraron sentido cuando en 1519 los españoles llegaron a México, del cual ya se ha confirmado que Moctezuma II tenía descripciones gráficas de cómo eran sus artefactos y aspectos relevantes a las que se enfrentarían.

La historia tradicional dice que el *Huey Tlatoani* pensó que este arribo de los españoles anunciaba el regreso de *Quetzalcoatl,* o peor aún, que Moctezuma II confundió a Hernán Cortés con *Quetzalcoatl.* Nuestras investigaciones cuestionan esto por las siguientes razones.

1. Las acciones de los españoles no correspondían con el arquetipo de *Quetzalcoatl*, quien simbolizaba la luz, la sabiduría, la vida y la civilización.
2. Si los españoles hubieran sido relacionados con algún *tetzahuitl* (presagio), era más creíble que fuese con Tezcatlipoca negro, ya que simbólicamente podría tener más parecido, a este lo representaban con un espejo, la noche, la muerte y la destrucción.

3. Los propios nahuas en su tradición tolteca también se consideraban descendientes del legado de *Quetzalcoatl*. Incluso, si se tratara del hombre *Ce Acatl Topiltzin Quetzalcoatl*, era sabido que no estaba a favor de realizar sacrificios ni matanzas, antecedentes que ya traían los españoles.

4. Como se ha mencionado, los nahuas no confundieron a los españoles con dioses o "teules". Lo que todavía hace más comprensible que el *Huey Tlatoani*, haya mandado regalos con sus mensajeros, no con una intención de guerra, sino de negociación en el mundo humano mesoamericano. Además, de ser el primer paso en el protocolo antes de librar cualquier batalla.

Los presagios también cobran sentido si se hace una comparación simbólica entre los ciclos y la etimología del *Cuauhtlatoque* (últimos líderes antes de los *Huey Tlatoque*) y con *Cuauhtemoc* (el último *Huey Tlatoani*), en ambos casos un águila que simboliza el poder, la luz, la palabra, que en última instancia significa también el descenso.

¿Por qué al morir los descendientes de la nobleza que "gobernaron" no son considerados como *Huey Tlatoque*?

Principalmente, nosotros apuntamos a que estos fueron designados por Cortés, para servir a sus fines. Además, de que el proceso de designación no tuvo lugar como en los anteriores, sin un consenso que validara estas decisiones, y sobre todo sin la compleja caracterización de su máximo líder. No por ello, cuestionamos la buena voluntad de estos post-Tlatoani, ya que muchos de ellos fueron torturados por Cortés, pero como ya se dijo, sólo eran una pantalla para quienes intentaban forjar una nación sin la voluntad del *in qualli yectli*.

Cuauhtemoc, último Huey Tlatoani de la civilización Azteca

El arquetipo del guerrero.

Es bien sabido que *Cuauhtemoc* fue uno de los dirigentes más jóvenes que tuvo la civilización azteca. Asimismo, que era un hombre inteligente, de gran fortaleza, de notables habilidades guerreras, políticas, filosóficas, y espirituales. Bernal Díaz del Castillo lo describe con rasgos finos y elegantes:

Guatemuz era de muy gentil disposición, así de cuerpo como de facciones, y la cara algo larga, alegre, y los ojos más parecían que cuando miraba que era con gravedad que halagüeños, y no había falta en ellos, y era de edad de veintitrés o veinticuatro años, y la color tiraba su matiz más a blanco. [209]

Un retrato análogo a este semblante es el que ofrece Jesús de la Helguera (1910-1971), en su *Pintura al óleo Cuauhtémoc* (1930-1950 ca.), donde se aprecian los rasgos ejemplares del guerrero y líder, magnánimo, inteligente, fuerte, seguro y valiente. Su imagen en el más amplio sentido ha devenido un ícono de la cultura mexicana, y aún forma parte de la identidad nacional contemporánea, esto por sus grandes cualidades como ser humano.

---

[209] Bernal Díaz del Castillo. *Historia verdadera de la conquista de la Nueva España, Tomo II*, México: Porrúa, 1944-2008, p. 63.

Cuauhtemoc fue hijo del Tlatoani *Ahuizotl* y de *Tilacapatl.*[210] Algunas fuentes relatan que nació en el actual estado de Guerrero, y que después se trasladó a *Tenochtitlan,* donde recibió una educación integral, digna de su linaje. Fue *tlacatecatl* de *Tlatelolco,* algunos señalan que también sacerdote, pero claramente un guerrero al portar dicho título, participando en la defensa de la ciudad, sobre todo cuando los conquistadores atacaron en la celebración del *Toxcatl* (acto vil como ya se había comentado porque los mexica estaban desarmados).

Con esta situación, Moctezuma murió en los enfrentamientos, y *Cuitlahuac* (1476-1520) fue designado *Huey Tlatoani* (1520), derrotando rápidamente a los españoles y expulsándolos de la capital. *Cuauhtemoc* al ostentar el cargo de *tlacatecatl,* continuó la lucha bajo el mando de su primo recién nombrado *Tlatoani,* pero unos meses después, *Cuitlahuac* muere a causa de la viruela. *Cuauhtemoc,* al recibir una educación como guerrero, sacerdote y destacarse como hombre inteligente, fue nombrado *Huey Tlatoani,* el último que conocería esta cultura.

Mientras los españoles conquistaban otras comarcas, al ver la situación y sabiendo que los españoles regresarían, *Cuauhtemoc* se dedicó a reestructurar a su pueblo, fortalecer los puntos de entrada de la ciudad, reorganizar al ejército, mandar refuerzos a *Guacachula, Itzocan, Xaltocan,* y a otros pueblos

---

[210] También conocida como Tilacápatl, hija de Moquíhuix, el último gobernante de Tlatelolco.

para prevenir los ataques del enemigo y no abandonarlos a su suerte. Además, planteaba una gran estrategia políticamente correcta y de buen gesto a los pueblos existentes: una Gran Confederación de todos los pueblos tributarios. Si bien la propuesta ya no fue viable por el tiempo para pactar, esa fue una de sus acertadas estrategias.

Para eso, mandó mensajeros a todas las provincias, incluso a los tlaxcaltecas que ya eran aliados de Cortés, pero ellos continuaron respaldando a los españoles junto con *Huejotzingo y Cuexlaxtlan.* En cambio, otros pueblos respondieron al llamado y combatieron hasta el final: *Iztapallapan, Xaltocan, Tlacopan,* junto con los guerreros *malinalcas, matlatzincas y cohuixcas.*

Sin embargo, los pueblos fueron cayendo poco a poco, *Huaxtepec, Cuauhnahuac* (Cuernavaca), *Xochimilco* (que intentaron recuperar en varios contraataques), *Coyohuacan, Tlahuac, Mixquic,* posteriormente las ciudades de la *Excan Tlahtoloyan y Tlatelolco,* que fue la última urbe donde resistieron heroicamente tras la escasez de agua, provisiones, y azotados por enfermedades, finalmente:

El 13 de agosto de 1521, tras deliberar con su Consejo, Cuauhtémoc decide rendirse a los españoles con el fin de evitar más sufrimientos. En su concepto de rendición implicaba que Tenochtitlán sería vasallo del rey de España y estaría obligado a pagarle tributo, no podía imaginar que lo que estaba por suceder era la desaparición del mundo en el que su pueblo había alcanzado un poder y esplendor sin parangón en estas tierras. [211]

Ciertamente, el concepto de guerra en Mesoamérica era muy diferente de aquel que concebían los conquistadores, porque el resultado fue un genocidio de toda índole, humano, cultural, material, espiritual, y de múltiples destrucciones que anteriormente ya se han comentado.

Una vez terminada la guerra, *Cuauhtemoc* fue hecho preso junto con algunos nobles, y a pesar de que Cortés ya disponía de las riquezas en el saqueo de la ciudad, no contento quería tener más oro, específicamente el que se les escapó de las manos cuando perdieron la batalla con Cuitláhuac, y más todo aquel que estuviera en posibilidades de poseer, al menos eso cuentan los cronistas españoles como Francisco López de Gómara y Bernal Díaz del Castillo.

Con esto en mente, Cortés atormentó al *Huey Tlatoani* y a los Señores restantes para que confesaran dónde obtendría lo que tanto anhelaba, pero al ver que no podía conseguir más información, decidió torturarlos con mayor ímpetu. De acuerdo con López de Gómara, uno de los principales, quizá *Tetlepanquetzatzin,* le solicitó que dijera algo al observar que el *Huey Tlatoani* no emitía alguna respuesta ante el insoportable dolor, manteniendo una actitud estoica ante tremendos tormentos, a lo que *Cuauhtemoctzin "lo miró con ira y lo trató*

---

[211] Enrique Vela. "Los Tlatoanis Mexicas", *Arqueología Mexicana,* Ciudad de México, núm. 40, octubre 2011, p. 84.

vilísimamente, como muelle de poco esfuerzo, preguntándole si estaba él en algún deleite o baño".[212]

Posteriormente, Cortés realizó una expedición a las *Hibueras* (Honduras, 1524), donde perseguía a Cristóbal de Olid, antiguo capitán suyo que se había confabulado con su tenaz enemigo Diego Velázquez. Lo acompañaban tropas para hacer frente, pero también decidió llevar algunos nobles mexicas y a los Señores de la *Excan Tlahtoloyan*: *Coanacochtzin de Texcoco, Tetlepanquetzatzin de Tacuba y Cuauhtemoctzin Huey Tlatoani.* Sin embargo, debido a rumores de conspiración de que todavía pudieran revelarse decidió mandarlos ahorcar, sentencia cuestionada incluso por sus mismos hombres y cronistas, y decisión que pasaría a la historia como uno de los actos más perversos.

La ejecución se efectuó en *Itzamkánac*, actual estado de Campeche. Según el Códice Vaticano A, en el año *6 tecpatl,* pedernal, que corresponde a 1524, Cortés mandó ahorcar a *Cuauhtemoc* y *Tetlepanquetzal,* colgándolos de una ceiba o pochote. Otros cronistas indígenas sitúan la trageida el 28 de febrero de 1525 y dan más detalles de esta ejecución: Fernando Alvarado Tezozómoc en su Crónica Mexicayotl y a Chimalpahin en su Séptima Carta de Relación. El primero dice que fueron bautizados e inmediatamente Cortés los sentenció. El segundo escribe que al *Huey Tlatoani* todavía le pusieron grillos de hierro en los pies, con los cuales estaba sujeto al árbol pochote.

---

[212] *Loc. cit.* Otra variante de la frase, "¿estoy yo acaso en un lecho de rosas?", fue popularizada por Eligio Ancona en una novela histórica escrita por 1870.

También, otras versiones dicen que hubo más ejecutados ese día.

Cortés en un intento por justificar este acto despiadado, escribe al Rey Carlos V (quinta y última *carta de relación*), alegando que *Cuauhtemoc* planeaba asesinarlo. Los cronistas de aquella época y los historiadores actuales coinciden que Cortés exageró su relato para justificar su decisión. Así también lo considera uno que estaba presente, Bernal Díaz del Castillo, quien escribe que *"sin haber más probanzas, Cortés mandó ahorcar a Guatemuz y al señor de Tacuba, que era su primo"*. [213] Las últimas palabras que cita Bernal Díaz:

> *¡Oh capitán Malinche! Días hacía que yo tenía entendido y había conocido tus falsas palabras, que esta muerte me habías de dar, pues yo no me la di cuando a ti me entregué en mi ciudad de México; ¿por qué me matas sin justicia? Dios te lo demande.* [214]

Con seguridad hacen pensar que el *Huey Tlatoani* sabía de antemano que *"el capitán español quería deshacerse de él y así lo manifiesta, y por otro lado le hace ver que su muerte no es justa"*. [215] Varios aspectos de la muerte del último *Huey Tlatoani* siguen siendo objeto de controversias.

---

[213] Bernal Díaz del Castillo, *op. cit.*, p. 205.
[214] *Loc. cit.*
[215] Véase Eduardo Matos Moctezuma. "La muerte de Cuauhtémoc: ¿conspiración o pretexto?", *Arqueología Mexicana*, Ciudad de México, Número 111, septiembre-octubre 2011, pp. 37-41.

Como primer punto, desde la caída de Tenochtitlan, sólo en crónicas españolas se menciona que el *Tlatoani* pide a Cortés que lo ejecute, cosa que es dudosa porque ya se ha constatado las cualidades que tenía, entre ellas la fuerza de fe y voluntad, es improbable que él haya solicitado tal pedido. Otros autores como Eduardo Matos sugieren que *Cuauhtemoc pudo* haber solicitado que se le permitiera realizar el sacrificio, es decir, que pudiera ofrendar su vida, *"como el honor máximo de cualquier guerrero de esta cultura"*.[216]

Como segundo punto, los restos del último soberano azteca también son objeto de debate. Esto a raíz de que en 1949, la arqueóloga Eulalia Guzmán anunció haber encontrado los restos óseos de *Cuauhtemoc* en *Ichcateopan*, que por cierto también se rumora que fue debido a la presión del gobierno de aquella época que ejerció sobre ella. No obstante, una comisión especial en 1976 dictaminó que:

> *No hay base científica para afirmar que los restos hallados el 26 de septiembre de 1949 en la iglesia de Santa María de la Asunción, Ichcateopan, Guerrero, sean los restos de Cuauhtémoc, último señor de los mexicas y heroico defensor de México-Tenochtitlan.* [217]

Nosotros, también coincidimos con este veredicto. Aunque algunas fuentes sugieren que su tierra natal era

---

[216] Enrique Vela, *op. cit.*, p. 84.
[217] Véase Eduardo Matos Moctezuma. "Ichcateopan y los restos de Cuauhtémoc", *Arqueología Mexicana*, Ciudad de México, Número 82, noviembre-diciembre 2006, pp. 58-61.

Ixcateopan,[218] y a pesar de que el Museo de Santa María de la Asunción exhibe los restos de un cuerpo, nuestras investigaciones sugieren que el cuerpo del *Huey Tlatoani* se encuentra en *Malinalco,* Estado de México.

Sabemos que este lugar era valioso para los aztecas, ya que aquí se decidía y consagraban quiénes se dedicarían a convertirse en guerreros o sacerdotes. El sitio arqueológico solamente se encuentra parcialmente explorado, pero con seguridad el complejo guarda más evidencias de la cultura azteca. Los danzantes y artistas que guardan con respeto el lugar rinden ofrendas al recinto, y hacen celebraciones para los antiguos guerreros que protegen los restos del último *Huey Tlatoani.* Además, los habitantes del pueblo afirman que en ocasiones se alcanza a observar cómo un hombre va saltando entre los cerros, a quien nombran cariñosamente como 'Juantémoc'.

Un dato que también ponemos en cuestión es que nunca llegó a consumar matrimonio. Algunos historiadores piensan que contrajo nupcias con la hija de Moctezuma Xocoyotzin, Tecuichpo *Ixcaxochitzin* (1509-1550) 'Isabel Moctezuma', con argumentos de validar su posición de *Huey Tlatoani,* sin embargo *Ixtlilxóchitl* desmiente el hecho al enumerar las nupcias de ella, siendo que *Cuauhtemoc* no aparece en la lista. [219]

---

[218] El *Códice Mendocino* o *Matrícula de Tributos* (1520-1530 ca.) tiene un glifo para Ichcateopan, que consiste en una flor de algodón, una representación de *Cuauhtemoc* y un *teocalli.* De ahí que se deduzca que era su tierra natal, y que el Municipio y localidad lleven el nombre del Tlatoani.
[219] Fernando de Alva Ixtlilxóchitl. *Historia Chichimeca Tomo II, Alfredo Chavero (notas),* México: Oficina Tip. de la Secretaría de Fomento, 1892, pp. 306-307.

Otro hecho interesante es el que guarda el mismo nombre del líder azteca. Literalmente se puede traducir como águila que cae, sin embargo, *"resulta más adecuado interpretarlo como águila que desciende y lo es más hacerlo como sol que desciende".* [220]

Este último significado es de relevancia simbólica, puesto que los aztecas otorgaban el nombre dependiendo de dos factores principalmente: las circunstancias del nacimiento y lo que vaticinaban para el recién nacido, con esto, y junto con el bautismo, se daba inicio a su *ser personal.*

De esta manera, el *Huey Tlatoani* cumplía con su destino, llevar en sus hombros una responsabilidad única, liderar a toda una civilización hasta su última expiración, aceptar que 'el sol descendería para los aztecas', que el brillo de su pueblo y cultura llegaban a su fin en este mundo terrenal. De la misma manera, lo confirman sus últimas palabras, mismas que nos permitimos citar, a través de un documento que ha sido heredado de generación en generación, por tradición oral, y que es conocido como la *Consigna secreta del Anáhuac* o *el último decreto de Cuauhtemoc, señor de Mexico-Tenochtitlan.* [221]

---

[220] Enrique Vela, *op. cit.*, p. 78.
[221] Recuperado de Xokonoschtletl Gómora (1950), Director de la Asociación Civil Internacional Yankuik Anahuak y activista del Consejo Mundial de Pueblos Indígenas.

Nahuatl

Totonal yomotlatih
Totonal yoixpolih
Iuan zentla youayan
O tech Kateh
Mach tikmatih Ka okzepa ualla
man Ka okzepa Kizakin
iuan yankuiotika tech tlauilikin
Mach inoka ompa miktlan maniz
manzanueliui tozentlalikan,
tetochtechokan
Iuan tezolnepantla tiktlatikan
nochi intlen toyolkitlazohtla
Kiueyi tlatkiomati
Man tikin pohpolokan toteokaluan
Tokalmekahuan tokuikakalhuan
Totelpochkahuan tokuikakalhuan.
Man mozelkahuakan tohumeh
iuan man tochanhuan

Kin ihkuak Kixouaz toyankuik tonal.
In tahtzintzin iuan in nanzitzin
Man aik kilkuaukan
Kimilhuaizkeh itelpochhuan
iuan matechnazkeh mo pipilhuan inoka nemizkeh
uel kenin yoko.
Kin axkan totlozoh Anauak
In tlanekiliz iuan tlapeluiliz in tonechtoltiliz uan
iuan zan ye nopampa tokenmauiliz iuan token pololiz
okizelihkeh totiachkatzitzihuan
iuan tleh totahtzitzin auik yolehkayopan
oki xi nachtokateh toyelizpan.
Axkan tehua tikin tekimakah in topilhuan
Amo kin ilkauazkeh nonotzazkeh mopilhuan

Español

Nuestro Sol se ha ocultado,
nuestro sol se ha escondido
y nos ha dejado
en la más completa
obscuridad…
Sabemos que volverá a salir
para alumbrarnos de nuevo;
pero mientras permanezca
allá en el Miktlan
debemos unirnos
ocultando en nuestros
corazones
todo lo que amamos.
Destruyamos nuestros
Teokaltin, (templos)
nuestro Kalmekameh,
(escuelas de altos estudios)
nuestros Tlachkouan,
(campos de pelota)
nuestros Telpochkaltin
(escuelas para jóvenes)
y nuestro Kuikakaltin;
(casas de cantos)
y dejemos las calles
desiertas
para encerrarnos en
nuestros hogares.
De hoy en adelante, ellos,
nuestros hogares,

serán nuestros Teokaltin,
nuestros Kalmekameh,
nuestros Tlachkouan,
nuestros Telpochkaltin
y nuestros Kuikakaltin.
De hoy en adelante,
hasta que salga el Nuevo
Sol,

los padres y las madres
serán los maestros y los guías
que lleven de la mano a sus hijos
mientras vivan;
que los padres y las madres no olviden
decir a sus hijos
lo que ha sido hasta hoy Anáhuac,
al amparo de nuestros dioses,
y como resultado de las costumbres
y de la educación
que nuestros mayores
inculcaron a nuestros padres,
y que con tanto empeño
estos inculcaron en nosotros.
Que tampoco olviden decir a sus hijos
lo que un día
deberá ser Anáhuac.

Con estas conmovedoras palabras, se muestra el hombre quién fue el último Huey Tlatoani Azteca. Aquél que nunca se doblegó para no traicionar a su pueblo, ni se venció ante el dolor no sólo de su gente, sino también propio, físico y espiritual, intercediendo *repetidamente a favor de su pueblo ante los inmediatos abusos de los españoles".* [222] Jamás se le escuchó renegar del Señor del Firmamento ni de su destino, y mostró hasta el final la serenidad, fortaleza, inteligencia, espiritualidad y nobleza del ser humano, ya no solamente en una lucha física, sino en una batalla siempre a favor del bien, sin importar de cual se trate, convirtiéndose en el arquetipo del guerrero azteca.

Sin embargo, con este mensaje el Patriarca Azteca Cuauhtemoc no sólo anunció el fin de una época, sino la llegada de otra, incitando a nuestros antepasados y ahora a nosotros mismos a ser nuestros maestros, guías, los *tlamatinime* (sabios) y guerreros que darán luz al resurgimiento del *Anáhuac*, es decir de nuestra tierra y mundo actual.

---

[222] Enrique Vela, *op. cit.*, p. 84.

Tlamatiliztli o sabiduría azteca para la vida actual

El ser personal, social y político. Sobre los problemas actuales. Un modelo de bienestar. Los tlamatinime o sabios.

En nuestras investigaciones hemos encontrado que el deber ser de los mexica tenía etapas muy marcadas, interrelacionadas y con características que estuvieron dentro de su vida diaria, a las que hemos denominado ser personal, ser social y ser político. Igualmente, consideramos que forma parte de la filosofía azteca y que nos da una idea para entender mejor esa idea de *Tlamatiliztli* o sabiduría azteca.

En el caso del ser personal se daba cuando el milagro de la vida hacía su manifestación en el nacimiento. Es importante recordar que ellos se consideraban co-creadores junto con la divinidad, lo cual involucra el proceso de pro-creación y el nacimiento de un nuevo ser, así cuando el 'alma tomaba cuerpo' / *in nacayo in yóllotl* se iniciaba esta primera etapa. Por lo que se ha revisado en los temas de justicia y sociedad, las cualidades de esta etapa manifestaban la individualidad, libertad, dignidad, soberanía y responsabilidades de una persona, una que tomaría un camino determinado para vivir y ejercer estos poderes.

Un papel determinante era el de la partera, ya que ella llevaba todo el proceso desde su inicio hasta el final. A la hora del parto, se preparaba a la mujer bañándola y limpiando el área de la casa o lugar donde se llevaría a cabo. Si la futura madre tenía dolores le daban medicina como el *cihuapactli* (*alomia alata*) o la cola de *tlaquatl* (*tlacuache*) molida con un poco de agua. [223] Después del nacimiento, ella ofrecía múltiples discursos en cada etapa, a la recién madre le exaltaba sobre haber salido victoriosa de la guerra entre la vida y la muerte, igualmente hablaba a la criatura, sin importar el sexo se les recibía con gran respeto, por ejemplo con las niñas, les decía *"Señora mía muy amada, seáis muy bien llegada".* [224]

Le daba su primer baño e igualmente pronunciaba palabras reconfortantes, encomendando a la criatura a los cuidados de *Omecihuatl, Ometecuhtli y Chalchiuhtlicue.* Tanto la placenta como el cordón umbilical los enterraban en la casa, simbolizando el corazón que permanecía en la casa y su conexión con la Tierra. Posteriormente, se acercaban los familiares y amigos para expresar sus felicitaciones.

El ser social se manifestaba cuando el 'alma tomaba rostro' / *in ixtli in yóllotl,* es decir, en el momento que la criatura es presentada a la sociedad, para ello tenían dos eventos especiales, el bautizo y la asignación del nombre. El *tonalpouhqui* (adivino) preguntaba la fecha de nacimiento y las circunstancias que lo rodearon, después interpretaba el *tonalamatl* (el libro de los días / libro de los destinos), y con esto tenía los posibles nombres y pronósticos de lo que depararía la vida del recién nacido. Si nacía bajo un mal signo, se intentaba desplazarlo a una casa de signo cercana que fuera más afortunada, igualmente hacían otros ritos para intentar corregir el rumbo de la criatura. Asimismo, se daba la fecha del bautizo,

---

[223] Bernardino de Sahagún. *Historia general de las cosas de Nueva España,* Ángel María Garibay (anotaciones), México: Porrúa, 2016, p. 366.
[224] *Loc. cit.*

misma que debía celebrarse con 4 días como máximo después del nacimiento. La partera era la encargada del bautizo el cual tenía lugar en el patio, en la fecha y hora que *tonalpouhqui* decía, igualmente con grandes discursos procedía a la ceremonia, posteriormente, se colocaba al recién nacido en la cuna y tenían una fiesta con mucha comida.[225]

El ser político iniciaba cuando se contraía matrimonio, se ejercía la enseñanza, se desempeñaba una función o cargo, en todos los casos cuando se involucraba el liderazgo y la responsabilidad con otras personas orientadas al bien común. Así, los progenitores lo ejercían cuando educaban a los hijos, al igual que los maestros, sacerdotes, artesanos, los líderes y funcionarios. Si la persona llegaba a ser un *tecuhtli*, naturalmente el peso era mucho mayor, ya que el arte de la política debía usarse sabiamente para resolver conflictos y dirigir una población.

Cabe destacar que estas tres etapas no se acababan, puesto que constantemente estaban inventándose. Igualmente, había recursos que podían nutrir este desarrollo: *toltecayotl* y *tlamatiliztli*.

El *toltecayotl* es a menudo vinculado con el compendio de las enseñanzas de *Quetzalcóatl* y los toltecas a través de lo que hoy denominamos ciencias y artes, pero también donde se involucra el buen comer, la bondad y rectitud en el trato de los seres humanos;[226] igualmente hacer las cosas con maestría.

---

[225] Sahagún, *op. cit.*, pp. 379-382.
[226] Véase Miguel León-Portilla. *Toltecayotl: Aspectos de la cultura náhuatl*, México: FCE, 2019.

La búsqueda de la *tlamatiliztli* (sabiduría) es un proceso interesante, porque se debe seguir la senda de la *neltiliztli* (verdad), que se da a partir de muchos procesos y consideraciones. Sin embargo, ¿cómo aterrizar estos conceptos de los aztecas con varios siglos de diferencia? ¿Es viable hacerlo?

La vida siempre ha tenido sus retos y dificultades, no importa qué tan avanzada pueda ser una sociedad siempre habrá retos a resolver en el *Tlalticpac* por su condición transitoria. Actualmente vivimos una de las épocas más fáciles de la historia de la humanidad, de grandes avances tecnológicos, sociales, culturales y artísticos, pero simultáneamente pareciera haber más problemas a resolver, ya que al vivir en un mundo globalizado, estamos supeditados a lo que pasa en distintas latitudes. Basta observar la pandemia por Sars-CoV-2 que estando al otro lado de América, afectó a todo el mundo, dejando terribles pérdidas humanas, económicas, psicológicas, visibilizando y aumentando las brechas de desigualdad, digitales, laborales, de equidad de género, etc. Pero dentro del confinamiento, incluso hubo aspectos positivos, por ejemplo, se crearon nuevas maneras de comunicación y trabajo a distancia, hubo una ruptura de la monotonía, pero sobre todo un respiro para el planeta y sus demás habitantes.

Así, cuando el mundo se detuvo para ver el agua cristalina de Venecia, contemplar cómo los mares de las costas mexicanas y de otros países comenzaban a limpiarse de toda la suciedad que estábamos produciendo, u observar a los animales llegar a las ciudades para reclamar espacio, y finalmente disfrutar de los cielos azules llenándose nuevamente de oxígeno y esperanza para ver un nuevo amanecer, rápidamente, mucha gente tomó conciencia de que algo estábamos haciendo mal. [227]

Con esto se comprueba que siempre habrá razones para evolucionar, crecer y desarrollarnos como humanidad. Es quizá la responsabilidad más grande que tenemos, ampliar nuestra consciencia para no quedarnos estancados en lo conocido, en la zona de confort; sería un error fatal dejar de inventarnos.

Esto último es fundamental, ya que necesitamos de mucha creatividad, sabiduría y otros aspectos que dan brío a la humanidad para resolver los problemas que predominan en el mundo, como el cambio climático, el desequilibrio tecnológico, los conflictos bélicos, la desigualdad, la hambruna, la falta de vivienda, etc. Por cierto, el cambio climático es uno de los más graves ya que el aumento de gases de efecto invernadero y del calentamiento global de 1.5°C, podría provocar *"impactos climáticos irreversibles, como el inicio del colapso de las plataformas de hielo polar y el aumento acelerado del nivel del mar"*, [228] lo que conllevaría a inundaciones catastróficas según

---

[227] Oliver De La Rosa Anzures. "Naturaleza, diseño y sustentabilidad, factores indispensables para una mejor habitabilidad global". *Ibero, Revista de la Universidad Iberoamericana*, año XIII, núm. 74, junio-julio de 2021, p. 67.
[228] Rogelj, J., et al. "Mitigation Pathways Compatible with 1.5°C in the Context of Sustainable Development". Global Warming of 1.5°C. *An IPCC Special Report on the impacts of global warming of 1.5°C above pre-industrial levels and related global greenhouse gas emission pathways, in the context of strengthening the global response to the threat of climate change, sustainable development, and efforts to eradicate poverty*, IPCC, 2018, p. 151. Consultado el 20 de Julio de 2021.

el informe especial del *Intergovernmental Panel on Climate Change* (IPCC).

Por otro lado, en la era contemporánea cada vez se visibilizan más los problemas psicológicos, en todas las edades, pero en especial en la juventud cada vez se reconoce más que se padece de algún trastorno, alimenticio, estrés, depresión, y de confusión por dónde dirigir su vida; esta situación se acrecentó con el confinamiento. Una encuesta de la UNICEF en adolescentes y jóvenes manifiesta datos serios en el tema.

La situación general en los países y sus localidades ha afectado el día a día de las personas jóvenes pues 46% reporta tener menos motivación para realizar actividades que normalmente disfrutaba. 36% se siente menos motivada para realizar actividades habituales.

Su percepción sobre el futuro también se ha visto negativamente afectada, particularmente en el caso de las mujeres jóvenes quienes han y están enfrentando dificultades particulares. 43% de las mujeres se siente pesimista frente al futuro frente a 31% de los hombres participantes. [229]

Problemas serios y retos hay, aún con todo nuestro avance evolutivo. ¿Qué podemos hacer frente a ello?

---

https://www.ipcc.ch/site/assets/uploads/sites/2/2019/05/SR15_Chapter2_Low_Res.pdf

[229] UNICEF, El impacto del COVID-19 en la salud mental de adolescentes y jóvenes, 2020. https://www.unicef.org/lac/el-impacto-del-covid-19-en-la-salud-mental-de-adolescentes-y-jóvenes

Las investigaciones realizadas sobre el tema por más de 30 años de los fundadores de la empresa Plenitud Azteca, aportan una perspectiva diferente sobre "la sabiduría, hábitos de salud, ética, filosofía, educación, sentido del honor y la importancia que los aztecas daban al bienestar", [230] consolidando estos contenidos en un modelo de desarrollo humano llamado *Ic Iza*, mismo que a continuación se sintetiza.

Como contexto, es indispensable entender que el ser humano no está en condiciones de poseer ni entender por completo la *neltiliztli* (verdad) en su más alta expresión, porque ante todo es un ente limitado. Sin embargo, en la medida que se acerca a la verdad es que podrá encontrar respuestas básicas a su existencia, primero como un ser dotado de amor, con un cuerpo físico, mental-emocional, y espiritual, que puede dirigir su vida a partir del sendero de lo recto o *in cualli yectli*, lo que le permitirá reconocer y pulir los dones que posee en virtud personal y en lo colectivo, lo cual deriva en una generosidad, agradecimiento y alegría por la vida.

Sin embargo, para mantener la fuerza y recorrer de la mejor manera el camino de la vida, es necesario que la persona se encuentre en buen estado de salud, de ahí la preocupación por tener una alimentación balanceada, practicar el ayuno y el temazcal como depuración, a la par que la danza y el ejercicio para fortalecer el cuerpo.

Estos elementos podrán encontrar sentido en cada una de las partes del ser, personal, social y político, siendo que este último está dirigido al desarrollo de las personas cuando

---

[230] Plenitud Azteca, 2021. https://plenitudazteca.com

devienen líderes, expresión de alta estima para los nahuas en su capacidad de orientar la prosperidad hacia los demás, a quienes tiene a su alrededor o en su responsabilidad, ya que la convivencia humana no es otra cosa que entender la correlación que existe entre todos.

Es entonces, que la felicidad podrá aparecer con otra mirada, una que es compartida, un bienestar que se acercará a la plenitud, misma que no se sustentará en la condición de ganar y perder, ya que la vida misma es así en su aspecto dual, venturas y desventuras, alegrías y tristezas, aciertos y errores, logros y fracasos, sino que a pesar de todos los infortunios que puedan suceder, se recurrirá a buscar nuevamente el equilibrio de todos estos factores, es decir a actuar con sabiduría.

Recordemos que en la filosofía azteca no existe la perfección, pero sí aspiraban a la excelencia. ¿Pero cómo adentrarse a buscar la excelencia?

Para el *tlamatini* (sabio azteca), una de las responsabilidades mayores era el ampliar y desarrollar la conciencia. Siendo que la reflexión o *moyolnonotzani* (el que está dialogando con su propio corazón) es el recurso para fortalecer el alma. ¿Por qué es importante reflexionar? Porque ésta nos da entendimiento, así la conciencia puede ser guía, y dar significado a las cosas que hacemos, de ahí la gran responsabilidad de la búsqueda de la *neltiliztli* (verdad), porque una conciencia con visiones erróneas de la vida nos puede llevar a situaciones menos afortunadas o a fomentar la pérdida de la conciencia, como una planta que se riega y crece, no se hace y muere; el desarrollo de la consciencia permite que nuestro verdadero espíritu se manifieste.

Conocerse a sí mismo era la labor de cualquier *tlamatini*, la descripción que refiere Sahagún, es a través de "ser un espejo horadado, un espejo pulido por ambos lados". [231] En los sentidos literal y metafórico, es conocerse físicamente y por el resto de los aspectos que integran al ser, y en ese sentido la honradez es el acercamiento a la verdad.

El espejo era bien conocido por los nahuas, contrariamente a lo que se creía que quedaban sorprendidos al ver los espejos europeos, que a su vez intercambiaron con los nativos a cambio de oro. Los espejos en Mesoamérica estaban hechos de piedras y metales pulidos, como la obsidiana y el oro. El *tlachianoli* era una especie de cetro con un espejo muy pulido, éste podía formar parte del atavío de algunas entidades como Xiuhtecuhtli, les servía para mirar la tierra y el *Tlalcticpac* a través de él. [232]

Además, el *tlamatini* también tenía el deber de mostrar este espejo a los demás, para que también pudieran conocerse a sí mismos, "pone un espejo delante de los otros, los hace cuerdos, cuidadosos", en ese sentido es como un médico o una ayuda para los demás, un filósofo. Con estos argumentos, el Dr. Miguel León-Portilla encontró la evidencia de la existencia de filósofos y filosofía en los aztecas. [233]

> *En pocas palabras, aplicando anacrónica y análogamente al sabio o tlamatini los términos con que*

---

[231] Bernardino de Sahagún. *Historia general de las cosas de Nueva España*, Ángel María Garibay (anotaciones), México: Porrúa, 2016, p. 537.

[232] *Ibíd.*, p. 38.

[233] Miguel León-Portilla. *La filosofía náhuatl estudiada en sus fuentes,* Ángel María Garibay (pról..), Ciudad de México: UNAM, Instituto de Investigaciones Históricas, 2017, p. 117.

hoy se designa a quienes tienen muy semejantes funciones, diremos que es un maestro, un psicólogo, un moralista, un cosmólogo, un metafísico y un humanista.*[234]*

Por el mismo lado, en la filosofía nahuatl, el corazón y la mente no están en contraposición, encuentran su punto de equilibrio en el *yollotl,* muy parecido a los japoneses con el *kokoro.* La dualidad del corazón y la cabeza, de las emociones y la mente se encuentran en el *yollotl.* Así, quien diviniza las cosas en su corazón, transmite esa fuerza y conocimiento en todo lo que hace, *"teniendo a Dios en su corazón"* o *yoltéutl.* [235]

Estos recursos permiten que en el recorrido del camino la persona devenga en un sabio, un investigador de los fenómenos del mundo, un espejo claro que está pulido por ambos lados, un guía cuidadoso, un maestro de la verdad, un humanista, un *tlamatini,* [236] que junto con otros *tlamatinime* (plural de sabios) y el resto de las personas pueden construir un alma para el mundo y una verdadera *tlacayotl* (humanidad) basada en el bienestar colectivo.

Esto último es fundamental, ya que en estos tiempos esa alma del mundo se encuentra un poco perdida, de ahí que predominan tantos problemas, como los que ya se han mencionado. En la medida que la gente se acerca a la búsqueda

---

[234] *Ibíd.,* p. 116.
[235] *Ibíd.,* p. 450.
[236] *Ibíd.,* pp. 110-118.

por convertirse en un *tlamatini*, es que podrá "encontrar la felicidad y la plenitud, respetando totalmente quienes somos". [237]

Es maravilloso que un mundo donde predominan muchas corrientes de pensamiento y escuelas filosóficas haya nacido una en este continente americano. Una que bien podríamos re-conocer, reaprender y aplicar. La sabiduría en esta visión no es un elemento que se encuentre lejos de cualquier persona, todo lo contrario, la *tlamatiliztli* es accesible a cualquiera que se emprenda en la búsqueda de la verdad y su sendero.

Los aztecas se concibieron como guerreros, pero es necesario que reflexionemos que esa batalla no era hacia un grupo en particular, sino la batalla por mantener una armonía cósmica. Hoy día, al igual que ayer, cada uno libra sus propias batallas, pero ¿nos hemos preguntado abiertamente elegir el camino del bien, *in qualli yectli*?

Respondamos a este llamado de los nuevos guerreros del siglo XXI, construyendo con fuertes valores y convicciones una sociedad que tenga una decidida lucha por el bien, donde el Ser Humano brille y prospere con amor, respeto, inteligencia y espiritualidad, que salga el nuevo amanecer del quinto sol de México, hermano del mundo, porque vivimos en una época global y aspiramos a la prosperidad de todos los seres humanos. El sendero por recorrer no es imposible ni utópico, porque el camino del guerrero azteca no es fácil o difícil, es mantenerse.

---

[237] Lily Domit Gemayel en un próximo libro a publicar sobre el modelo de desarrollo humano *Ic Iza*, teniendo en cuenta la sabiduría Azteca como eje fundamental. La empresa Plenitud Azteca y la Fundación Internacional de Unidad Humana tienen como objetivo la búsqueda de esa plenitud para la construcción de un mundo nuevo. Véase https://iciza.plenitudazteca.com

Breve Glosario

Ahuianime: Mujeres alegres, mujeres de compañía.

Ahuilnemiliztli: Vida contenta

Altepetl: Agua Cerro. Organización política socio-territorial, una ciudad-estado con su propio gobierno e identidad.

Anauac / Anahuac / Anawak: Cerca del mar, entre las aguas.

Atl: Agua.

Atlatl: Lanza dardos. Arma que se encuentra en varias culturas de América.

Atolli: Atole.

Axoxco: Floresta de agua. De a = raíz de agua; xoch = florecer, flor; co = lugar de. Actualmente la Sierra Volcánica del Ajusco.

Calli: Casa, choza, vivienda.

Calmecac: Escuela-convento donde se formaban los futuros sacerdotes. Casa del mecate, de calli =casa y mécatl = mecate, cuerda.

Calmimilocatl: Funcionario encargado de supervisar las construcciones. Relacionado al urbanismo y la arquitectura.

Calpixque: Guardias de casa. Término genérico para designar a los funcionarios de la administración, en especial de los que se encargaban del repartimiento y cobro de tributo, los españoles los designaron como mayordomos.

Campan: Agrupación de cinco calpulli. Sector.

Calpulli: Casa de gran tamaño. Agrupación de un clan, en un barrio que formaba una unidad social dentro de la ciudad, funcionaban con trabajo comunitario.

Calpullec: Administrador del calpulli.

Calpulequeh: Señores o guardias de barrios. Administradores que ejercían diversas funciones en el calpulli.

Cenzontli: Cantidad de 400.

Cenzontle: Ave de América del Norte. De Centzontototl que a su vez se deriva de Cenzontli = 400, y la palabra Tototl = ave, podría traducirse como ave de las 400 voces.

Chalchihuatl: Analogía de la sangre, el agua sagrada. De *Chalchihuitl* = piedra preciosa, y eztli = sangre.

Chalchiuhtlicue: Identidad femenina del agua.

Chapultepec: Cerro del chapulín. De chapulli = chapulín, saltamontes; tepetl = *cerro.*

Chicahuacatlazotla: Amar apasionadamente.

Chicomecoatl: Siete serpiente, representante del maíz, de la subsistencia de los alimentos y bebidas.

Chimalli: Escudo mesoamericano.

Choquizotlahua: Sentirse fatigado por llorar o estar triste.

Chontalli: Etnónimo que designa a los extranjeros que no hablaban náhuatl.

Cihuacoatl: Mujer serpiente. Jefe de los ejércitos que apoyaba al Huey Tlatoani a manera de vicepresidente.

Cihuatlamacazqui: Maestras sacerdotisas.

Citlaltepetl: Monte de la estrella. De citlalli= estrella; y tepetl = cerro. Actualmente el volcán Pico de Orizaba.

Cihuateteotl / Cihuateteo: Mujeres celestiales, quienes morían de parto se convertían en guerreras celestiales. También conocidas como cihuatlpipiltin.

Coatlicue: De la falda de serpientes. Asociada a la madre tierra, madre de Huitzilopochtli.

Coapilli: Guerreros serpiente.

Coyohuacan: Lugar de los coyotes. De coyotl = coyote; huacan = lugar. Actualmente, la región comprendida en la Alcaldía Coyoacán de la Ciudad de México.

Cuacuilli: Sacerdote local.

Cuachicqueh: Guerreros valerosos rapados.

Cuauhpilli: Guerreros águila.

Cuezaltzin: representante del fuego, otro nombre asociado a Huehuetéotl.

Cuicacalli: Casa del canto y de otras artes. De cuícatl = canto, música; calli = casa.

Ehecatl: Identidad asociada al viento, aire, espíritu o soplo. También vinculada a Quetzalcoatl.

Excan Tlahtoloyan: Gobierno de las tres sedes. Traducida como triple alianza.

Hivenani o Iwinawi: El dispensador de dicha.

Huauhtli: Amaranto.

Huey: Gran o grande.

Huehueteotl: Dios viejo, representante del fuego terrestre.

Huehuetlatolli: Los dichos de los antiguos. Género literario que consistía en discursos de toda índole.

Huehuetque: Consejo de ancianos.

Huitzilopochtli: Colibrí zurdo. Entidad relacionada a la sabiduría, a la batalla.

Ichpochcalli: Escuela femenina. Fray Diego Durán se refiere como doncellas entre 12 y 13 años dedicadas al servicio de Dios. Casa de doncellas. De ichpoch = doncella, hija de; y calli=casa.

Ichpochtlatoque: Funcionarias.

Ilchuicatl: El cielo, los 13 cielos arriba del mundo horizontal.

In cualli yectli: Lo bueno, lo recto.

In ixtli, in yóllotl: El rostro y el corazón.

In machiotl in octacatl: La muestra y la barra de medir = Ley o norma de acción.

In ehécatl in chichinaztli: El viento y el ardor = Deleites sensuales.

Ipalnemohuani: El Dador de la Vida o el Creador.

Iyac: También equivalente de Yaquetl / ihiyaquetl, joven guerrero que se ha distinguido por capturar un prisionero. Soustelle se refiera a un guerrero que es reconocido por Tezcatlipoca.

Ixcuepa: Herrar el camino o estar descarriado.

Ixcozauhqui: Cara amarilla, asociado al fuego.

Ixtepa o Ichtepa: El Creador

Macuahuitl: Arma que consistía en una espada de madera con incrustaciones de obsidiana como hojas de filo.

Macehualiztli: Danza

Macehualtin: Plural del pueblo llano. Singular = macehualli. De *Macehual* = digno de merecer.

Mamati: Sentir vergüenza ajena.

Matlalcueitl: Derivada de Matlalcueye, identidad femenina del agua, también conocida como Chalchiutlicue. De matlaltic = verde, y cueitl = falda; señora de la verde falda. Actualmente, el volcán La Malinche.

Metztli: Representante de la luna.

Mictlan: La región del inframundo.

Mitztemoa noyollo: Mi corazón te busca, te extraño.

Mixcoacalli: Casa de las serpientes y las nubes. Sala de ensayos donde guardaban sus instrumentos y se reunían los cantores de México y Tlatelolco.

Mocihuaquetze: Muerte por parto.

Moyocoyatzin: El que se inventa a sí mismo.

Moyoleuhqui: Enamorarse o automotivarse.

Moyolnonotzani: El que está dialogando con su propio corazón.

Nappatecuhtli: Señor de las juncias y del arte de las esteras.

Neltiliztli: La verdad

Nemachtilcalli: Escuela.

Netotiliz nemachtiloyan: Escuela de danza.

Nezahualiztli: Ayuno.

Nidaniuhca o Nepaniuka: El que consiste en una sola mónada, el que media o sintetiza.

Ocelopilli: Guerreros ocelote.

Ollin: Movimiento

Olomris: De quien emana la existencia.

Omecihuatl: Dualidad femenina.

Ometecuhtli: Dualidad masculina.

Ometeotl: Dios Dos, Dios Dual. El Creador Autocreado.

Omeyocan: La primera causa.

Otonti: Guerreros otomí.

Patolli: Juego de mesa mesoamericano.

Petatl: Petate, estera

Pipiltin: Plural de la clase noble. Singular = pilli.

Pochteca: Plural de los comerciantes. Singular = pochtecatl.

Pochtecatlailotlac: Líder de los Pochteca, también como acxotécatl.

Popocatepetl: Cerro que humea. De popoca = humear, y tepetl = cerro.

Quaquacuiltin: Sacerdotisas, las que tenían los cabellos cortados de cierta manera.

Quimichtin: Guerreros ratón.

Tecali: Sala de juicio donde se revisaban los casos de la gente del pueblo.

Tecuhtli: Líder de una provincia. Tlacochtecuhtli (el dignatario de los dardos) para los gobernadores. Forma respetuosa de señor.

Tecuitlatl: Alga espirulina ancestral.

Tecpilcalli. Sala de juicio donde se revisaban los casos militares y de adulterio.

Tecutlatoque: Consejo de trece jueces principales de la sala tlaxitlan.

Teixcuepani: Embaucador, burlador, hechicero.

Telpochcalli: La escuela de los guerreros. Casa del joven. De *Telpoch* = joven, muchacho, hijo de; y calli = casa.

Telpochtlatoque: Maestros del telpochcalli.

Temamacpalitotique: Los que te tienen en la palma de la mano, brujos.

Temazcalli: Casa de vapor, baño terapéutico ritual.

Teocalli: Casa de Dios, templo.

Teotl: Dios, grande, absolutivo. Toteo=Nuestro Dios.

Tequitl: Guerrero que ha hecho 2 prisioneros.

Tequihuah: Guerrero veterano.

Tezcacoacatl: Serpiente de espejos, mensajero que avisaba actividades militares. Posteriormente grado militar y funcionario.

Tlacatecatl: Título honorífico de soldado o señor valeroso que comanda cerca de 500 hombres.

Tlacatecuhtli: Jefe de los guerreros.

Tlachianoli: Cetro con un espejo pulido.

Tlachtli: Juego de la pelota.

Tlacochtecuhtli: El dignatario de los dardos, un líder de una provincia, equivalente de gobernador.

Tlahuiztli: Traje.

Tlali: Tierra. También se emplea para dividirla en parcelas.

Tlaloc: Representante de la lluvia, del agua celeste.

Tlaltecuhtli: Representante del orden, las plantas, la humanidad. Representada como deidad femenina y masculina.

Tlalticpac: La región horizontal donde vivimos, el mundo que es resbaladizo.

Tlama: De tlamana = ofrecer o sacrificar.

Tlamacazque: Maestras y maestros sacerdotes. También tlamaceuhque.

Tlamachtiani: Maestro.

Tlamanaliztli: Sacrificio o Sacro-Oficio

Tlamanani: Quien ofrece o se sacrifica.

Tlamatiliztli: La sabiduría.

Tlamatini: Sabio. Tlamatinime en plural.

Tlanamictliliztli: Unión de los complementarios.

Tlanextli: Luz, claridad, brillo.

Tlatlacotin: Esclavos o ciervos.

Tlatoani: El que habla, del verbo tlatoa = hablar. Líder.

Tlatocan: Consejo de la Ciudad.

Tlatocayotl: Zonas agrícolas que dependían del centro urbano.

Tlaxilacalli: Barrio o cuadra.

Tlaxitlan: Sala de juicio donde se revisaban los casos más difíciles y de la nobleza.

Tlazolteotl: Patrona de la pasión, la sexualidad, el embarazo, entre otras.

Tlenamacac: El sacerdote del fuego o incienso, el sacrificador.

Tletl: Fuego, lumbre.

Tloque Nahuaque: Señor de lo cercano y lo lejano.

Toltecayot: El conocimiento, las ciencias y artes.

Tonacacíhuatl: Señora del sustento, de la abundancia.

Tonalamatl: El libro de los días / libro de los destinos.

Tonalpouhqui: Adivino u oráculo que consultaba el tonalamatl.

Tonantzin: Nuestra madre, de la existencia, de la humanidad, creadora.

Tonatiuh: Representante del sol.

Toxcatl: Sequedad. Fiesta dedicada a Tezcatlipoca y Huitzilopochtli, se celebraba con varias noches de danza, música y ornamentos de amaranto y miel.

Tzapotlatena: Inventora de la resina medicinal uxitl.

Tzompantli: Lugar de remembranza de las cabezas decapitadas de los sacrificados. De tzontli = cabeza; y pantli = fila o hilera.

Ullamaliztli: Juego de derivado del Tlachtli, también conocido como ullama.

Xarales: Charales, pequeños peces.

Xilonen: La peluda del maíz tierno.

Xiquipilli: Cantidad de 8,000.

Xiuhtecuhtli: Señor de la turquesa y los años.

Xochiquétzal: Flor preciosa. Del amor y la belleza.

Yacatecuhtli: Patrono del comercio, los viajeros y los caminos.

Yollotl / Yolotli: Corazón

Yoltéutl: Teniendo a Dios en su corazón.

FUENTES CITADAS

Libros

Alva Ixtlilxóchitl, Fernando de. *Historia Chichimeca Tomo II, Alfredo Chavero (notas)*, México: Oficina Tip. de la Secretaría de Fomento, 1892, p. 95.

Cervantes de Salazar, Francisco. *Crónica de la Nueva España que escribió el Dr. D. Francisco Cervantes de Salazar Cronista de la Imperial Ciudad de México,* Manuel Magallón (ed.), Madrid: The Hispánica Society of America, 1914.

De Las Casas, Bartolomé. *Brevísima relación de la destruición de las Indias,* Isacio Pérez (ed.), Madrid: Tecnos, 2008.

Del Castillo, Cristóbal. *Historia de la venida de los mexicanos y otros pueblos e Historia de la Conquista,* Federico Navarrete Linares (trad.), México: CONACULTA, Cien de México, 2001,

Díaz del Castillo, Bernal. *Historia verdadera de la conquista de la Nueva España, Tomos I y II*, México: Porrúa, 1944-2008.

Durán, Diego. *Historia de las Indias de Nueva-España e islas de Tierra Firme, Volume 1,* José Fernando Ramírez, Gumersindo Mendoza (trad.), México: J.M. Andrade y F. Escalante, 1807.

Durán, Diego. *Historia de las Indias de Nueva España Islas de la Tierra Firme -Edición Única,* México: ITESM, 2015.

Faram, Arthur. *The Ancients: Secrets of the old world,* 2020.

Garibay K., Ángel María. *Historia de la literatura náhuatl, primera parte*, Ciudad de México: Porrúa, 1953, 1971.

Garibay K, Ángel M. *La literatura de los aztecas,* Tabasco: Joaquín Mortiz, 1974.

Graulich, Michel. *El sacrificio humano entre los aztecas,* Julio Camarillo (trad.), México: FCE, 2016.

González Ochoa, José María. *Protagonistas desconocidos de la Conquista de América,* Madrid: Nowtilus, 2015.

Heródoto. *Historia Libro II Euterpe,* Carlos Schrader (trad.), Madrid: Gredos, 1992.

Homero. *Odisea,* José Manuel Pabón (trad.), Madrid: Gredos, 1999.

Huehuehtlatolli. Testimonios de la antigua palabra. Miguel León Portilla (ed.), Librado Silva Galeana (trad.), México: CONACULTA, Cien de México, 2017.

Keen, Benjamin. *La imagen azteca en el pensamiento occidental,* Juan José Utrilla (trad.), México D.F.: FCE, 1984.
Krickberg, Walter. Las antiguas culturas mexicanas, México D.F.: FCE, 1961.

Leander, Birgitta. *In Xóchitl In Cuícatl Flor y canto, la poesía de los aztecas,* México: CONACULTA, 1991, p. 270.

Le Clézio, Jean Marie Gustave. *El sueño mexicano o el pensamiento interrumpido,* México D. F.: FCE, 2010.

López de Gómara, Francisco. *Historia General de las Indias, II. Conquista de Méjico,* Barcelona: Orbis, 1985.

León-Portilla, Miguel. *De Teotihuacán a los Aztecas. Antología de fuentes e interpretaciones históricas,* México D.F.: UNAM, 1995.

León-Portilla, Miguel. *La visión de los vencidos. Relaciones Indígenas de la conquista,* Ciudad de México: UNAM, 2017.

León-Portilla, Miguel. *La filosofía náhuatl estudiada en sus fuentes,* Ángel María Garibay (pról.), Ciudad de México: UNAM, Instituto de Investigaciones Históricas, 2017.

León-Portilla, Miguel. *Trece poetas del mundo azteca,* México: UNAM, Instituto de Investigaciones Históricas, 1978, 2016.

León-Portilla, Miguel. *Toltecayotl: Aspectos de la cultura náhuatl,* México: FCE, 2019.

Macazaga Ordoño, César. *Coyolxauhqui,* México: Cosmos, 1978.

Montes De Oca Vega, Mercedes. *Los difrasismos en el náhuatl de los siglos XVI y XVII,* Ciudad de México, UNAM, Instituto de Investigaciones Filológicas, 2013.

Ochoa Rivera, Teresa. *Salud, Alimentación y Gordura en una Comunidad de origen Mesoamericano en México,* México: Universidad Iberoamericana, 2017.

Pauketat, Timothy R. *Cahokia: Ancient America's Great City on the Mississippi,* Penguin library of American Indian history, 2009.

Platón. *Diálogos VI Filebo, Timeo y Critias,* María de los Ángeles Durán y Francisco Lisi (trad.), Madrid: Gredos, 1992.

Roger, Odile y Ernesto H. Turner. *Organización Económica y Social de los Aztecas y Culturas que les Precedieron,* México: UAM, 1993.

Sahagún, Bernardino de. *Historia general de las cosas de Nueva España,* Ángel María Garibay (anotaciones), México: Porrúa, 2016.

Sejourné, Laurette. *Pensamiento y religión en el México antiguo,* México D.F.: FCE, Lecturas mexicanas edición, 1984.

Soustelle, Jacques. *El universo de los aztecas,* J.J. Martínez y J.J. Utrilla (trad.), Ciudad de México: FCE, 1979-2012.

Soustelle, Jacques. *La vida cotidiana de los aztecas en vísperas de la conquista,* Carlos Villegas (trad.), Ciudad de México: FCE, 1970-2014.

Tezozómoc, Hernando Alvarado. *Crónica Mexicana,* Manuel Orozco (notas), México: Leyenda, 1944.

Tezozómoc, Fernando Alvarado. *Crónica Mexicayotl,* 3ª. Edición, México: UNAM, Instituto de Investigaciones Históricas, 1998.

Ugalde Israel, Lutz Bruno. *Historia Secreta de los Aztecas.* Independently published, Plenitud Azteca, 2021.

Ugalde Israel, Ochoa Rivera Teresa. *El ayuno azteca: la sabiduría para reiniciar tu cuerpo,* María Teresa Berumen y Karla M. Pinal (ed.), 2021.

Yurjevic Marshall, Andrés. *Miradas, Voces e Imágenes Latinoamericanas,* Jalisco: Universidad del Valle de Atemajac UNIVA - México Centro Latinoamericano de Desarrollo Sustentable CLADES - Santiago de Chile, 2016.

Wallis Budge, Ernest Alfred. *El libro egipcio de los muertos.* El Papiro de Ani, del Museo Británico, Buenos Aires: Kier, 2004.

Artículos de revistas impresas (algunas disponibles en su versión web)

Barker, Alex et al. "Mesoamerican Origin for an Obsidian Scraper from the Precolumbian Southeastern United States," *American Antiquity,* 67, 2002, pp. 103-108.

Blitz, John H.. "New Perspectives in Mississippian Archaeology," *Journal of Archaeological Research,* Vol. 18, No. 1 (March 2010), pp. 1-39. Disponible en: http://www.jstor.org/stable/23018388.

Burchard, H. "Younger Dryas Comet 12,900 BP". *Open Journal of Geology*, num 7, 2017, pp. 193-199, doi: 10.4236/ojg.2017.72013. Consultado el 24 de mayo de 2019, disponible en: https://www.scirp.org/pdf/OJG_2017022716490382.pdf

De La Rosa Anzures, Oliver. "Naturaleza, diseño y sustentabilidad, factores indispensables para una mejor habitabilidad global". Ibero, *Revista de la Universidad Iberoamericana*, año XIII, núm. 74, junio-julio de 2021, pp. 66-68.

España, Romina y Carolina Depertis. "Utopía y arcadia en los relatos de Alice Dixon Le Plongeon". *Estudios de Cultura Maya,* vol.38, 2011, pp.121-144. Consultado el 22 de noviembre de 2019, disponible en: http://ref.scielo.org/ydxfvs

Franco-Paredes, Carlos. Lammoglia, Lorena. Santos-Preciado, José Ignacio. Perspectiva histórica de la viruela en México: aparición, eliminación y riesgo de reaparición por bioterrorismo. *Gaceta médica de México*, 2004, vol. 140, núm. 3, pp. 321-327.

Kehoe, Alice B. "Wind Jweles and Paddling Gods: The Mississippian Southeast," *Gulf Coast Archaeology: The Southeastern United States and Mexico,* N.M. White (ed), Gainesville: University Press of Florida, 2005, pp. 260-280.

León-Portilla, Miguel. "Aztlán: ruta de venida y de regreso", *Letras libres,* año 7, núm. 83, 2005, pp. 35-40.

León-Portilla, Miguel. "Investigaciones etno-lingüísticas entre hablantes de náhuatl y otras lenguas yuto-aztecas", *Estudios de cultura Náhuatl,* Ciudad de México: UNAM, núm. 15, 1982.

León-Portilla, Miguel. "Los Aztecas disquisiciones sobre un gentilicio", *Estudios de cultura Náhuatl,* Ciudad de México: UNAM, núm. 31, 2000.

Martínez Medina, Lorenzo. "Hallazgo en México respalda la teoría del impacto extraterrestre", *CienciAcierta Revista de divulgación científica, humanística de la Universidad de Coahuila,* año 8, número 30, Abril, 2012. Consultado el 18 de mayo de 2017, disponible en:
http://www.posgradoeinvestigacion.uadec.mx/CienciaCierta/CC 30/11.html

Matos Moctezuma, Eduardo. Raúl Barrera Rodríguez. Lorena Vázquez Vallín. "El Huei Tzompantli de Tenochtitlan", *Arqueología Mexicana,* núm. 148, 2017, pp. 52-57.

Matos Moctezuma, Eduardo. "Ichcateopan y los restos de Cuauhtémoc", *Arqueología Mexicana,* núm. 82, noviembre-diciembre 2006, pp. 58-61.

Matos Moctezuma, Eduardo. "La muerte de Cuauhtémoc: ¿conspiración o pretexto?", *Arqueología Mexicana,* núm. 111, 2011, pp. 37-41.

Roso de Luna, Mario. "La ciencia hierática de los mayas, contribución para el estudio de los Códices Anáhuac", *Boletín de la Real Academia de la Historia,* tomo 58, 1911, pp. 434-512. Consultado el 20 noviembre de 2019, disponible en: http://www.cervantesvirtual.com/nd/ark:/59851/bmc4m9m4

Segundo Guzmán, Miguel Ángel. "Grafías del Conquistador: horizontes de significado señorial en las "Cartas de relación" de Hernán Cortés", *Historia y grafía,* núm. 46, 2017.

Valiñas, Leopoldo. "Yutoaztecas", *Arqueología Mexicana,* Ciudad de México, edición especial núm. 85, abril 2019.

Van Zantwijk, Rudolf. "Iquehuacatzin, un drama real azteca", *Estudios de cultura náhuatl,* Ciudad de México: UNAM, núm. 13,1978, pp. 89-96.

Vela, Enrique. "Los Tlatoanis Mexicas", *Arqueología Mexicana,* Ciudad de México, núm. 40, octubre 2011.

Libros electrónicos

Benavente "Motolinía", Toribio de. *Historia de los indios de la Nueva España,* Mercedes Serna y Bernat Castany (ed.), Madrid: Real Academia Española – Centro para la Edición de los Clásicos Españoles, 2014.
https://www.fundacionaquae.org/wp-content/uploads/2017/07/Historia-de-los-Indios.pdf

FAO. *Legumbres. Pequeñas semillas, grandes soluciones.* Ciudad de Panamá, 2018.
http://www.fao.org/3/CA2597ES/ca2597es.pdf

Gandía, José Mercé y José Gallegos Arias. *San Francisco: una historia para el futuro,* Quito: INPC, AECID, 2011.
https://issuu.com/inpc/docs/snfcolibrofinal

Guzmán, Eulalia. *Relaciones de Hernán Cortés a Carlos V sobre la invasión de Anáhuac. Aclaraciones y rectificaciones por la profesora Eulalia Guzmán.* Ciudad de México: Instituto Nacional de Estudios Históricos de las Revoluciones de México, INEHRM, 2019.
https://inehrm.gob.mx/recursos/Libros/Eulalia.pdf

Olivera, Mercedes. *Feminismo popular y revolución. Entre la militancia y la antropología,* Montserrat Bosch Heras (ed.) Buenos Aires: CLACSO, 2019.

http://biblioteca.clacso.edu.ar/clacso/se/20191205112859/Merc
edes-Olivera-Antologia-Esencial.pdf

Thouvenot, Marc. *Diccionario náhuatl-español basado en los diccionarios de Alonso de Molina con el náhuatl normalizado y el español modernizado,* Javier Manríquez (col.), México: UNAM, 2014. Consultado el 15 de julio de 2020, https://www.historicas.unam.mx/publicaciones/publicadigital/libr
os/diccionario/nahuatl.html

Artículos de revistas y sitios online

Arregui, Mariana. "Sexualidad y Erotismo entre los Aztecas", *Plenitud Azteca,* 17 noviembre, 2020.
https://plenitudazteca.com/2020/11/17/sexualidad-y-erotismo-
entre-los-aztecas/

Bennet, M. et al. Evidence of humans in North America during the Last Glacial Maximum, *Science,* 24 September 2021, vol. 373, 6562, pp. 1528-1531. DOI: 10.1126/science. abg7586

Canger, Una. "¿Por qué los topónimos México y Chapultepec tienen acento en la primera y en la última sílaba?". *Estudios de cultura náhuatl* (online), vol. 56, 2018, pp. 87-95.
https://www.historicas.unam.mx/publicaciones/revistas/nahuatl/
pdf/ecn44/913.pdf

Coppel, Eugenia y Álvaro Llorca. "¿Los aztecas eran como los nazis? Cuatro historiadores responden al discurso del presidente de RTVE", *Verne El País,* 6 de abril de 2017. Consultado el 15 de julio de 2017, disponible en: https://verne.elpais.com/verne/2017/04/06/mexico/1491435975 _945457.html

Cossich Vielman, Margarita y Alejandro Fujigaki Lares. "Guerreras femeninas y tejidos masculinos", *Noticonquista,* Instituto de Investigaciones Históricas, Coordinación de Humanidades y la Coordinación de Difusión Cultural, UNAM. http://www.noticonquista.unam.mx/amoxtli/2313/2309. Visto el 10/09/2021

Ghent University/Kunst-Zicht. Labyrinth of Egypt com Hawara 2008 - Mataha Expedition, consultado el 20 de noviembre de 2017: https://issuu.com/yago1/docs/labyrinth_of_egypt_com__hawra_ 2015

Herrera Meza, María del Carmen. Alfredo López Austin. Rodrigo Martínez Baracs. "El nombre náhuatl de la Triple Alianza". *Estudios de cultura náhuatl* (online), vol. 46, 2013, pp. 7-35. http://www.scielo.org.mx/scielo.php?script=sci_arttext&pid=S00 71-16752013000200002&lng=es&nrm=iso

INAH. Ofrenda dedicada a Tlaltecuhtli manifiesta la expansión mexica, Viernes, 09 de Enero de 2015. Consultado el 5 de enero de 2020, disponible en: https://www.inah.gob.mx/boletines/375- ofrenda-dedicada-a-tlaltecuhtli-manifiesta-la-expansion-mexica

Kimura, M. "Ancient megalithic construction beneath the sea off Ryukyu islands in Japan, submerged by post glacial sea-level change," *Oceans '04 MTS/IEEE Techno-Ocean '04 (IEEE Cat. No.04CH37600)*, 2004, pp. 947-953 Vol.2,
Doi: 10.1109/OCEANS.2004.1405617.

Kruell, Gabriel. La fiesta de Tóxcatl y la matanza del Templo Mayor, México, *Noticonquista,* consultado el 19 de marzo de 2020:
 http://www.noticonquista.unam.mx/amoxtli/2054/2050.

López Austin, Alfredo. "Difrasismos, cosmovisión e iconografía", *Revista Española de Antropología Americana,* 2003, vol. extraordinario 143-160.
https://revistas.ucm.es/index.php/REAA/article/view/REAA0303
220143A

Luciani, Albino Juan Pablo I. "Dios es padre; más todavía madre", *Radio Vaticana,* Ángelus, 10 de septiembre de 1978. Consultado el 14 de noviembre de 2017, disponible en:
http://es.radiovaticana.va/storico/2012/11/09/
«dios_es_padre_más_todav%C3%ADa_madre»
_papa_albino_luciani,_juan_pablo_i/spa-637209

Rogelj, J., D. Shindell, K. Jiang, S. Fifita, P. Forster, V. Ginzburg, C. Handa, H. Kheshgi, S. Kobayashi, E. Kriegler, L. Mundaca, R. Séférian, and M.V. Vilariño. "Mitigation Pathways Compatible with 1.5°C in the Context of Sustainable Development". Global Warming of 1.5°C. An IPCC Special Report on the impacts of global warming of 1.5°C above pre-industrial levels and related global greenhouse gas emission pathways, in the context of strengthening the global response to the threat of climate change, sustainable development, and efforts to eradicate poverty, *IPCC,* 2018. Consultado el 20 de Julio de 2021. https://www.ipcc.ch/site/assets/uploads/sites/2/2019/05/SR15_ Chapter2_Low_Res.pdf

Voosen, Paul. "Massive crater under Greenland's ice points to climate-altering impact in the time of humans," *American Association for the Advancement of Science,* 14 noviembre 2018. Consultado el 20 de noviembre de 2018: https://www.sciencemag.org/news/2018/11/massive-crater-under-greenland-s-ice-points-climate-altering-impact-time-humans

Sitios web

Academia Mexicana de la Lengua. ¿Se escribe Tenochtitlán o Tenochtitlan?. Consultado el 20 de septiembre de 2021. https://www.academia.org.mx/espin/respuestas/item/tenochtitla n-o-tenochtitlan

Mataha Expedition Hawara 2008, consultado el 10 de enero de 2017. http://www.labyrinthofegypt.com/ghent-university-kunstzicht.html

Plenitud Azteca. https://plenitudazteca.com

Ic Izá el Reto de la Plenitud. https://iciza.plenitudazteca.com

Real Academia Española. "Teúl", consultado el 10 de enero de 2021. https://dle.rae.es/teul

The Faram Research Foundation, consultado el 20 de agosto de 2021.
http://www.thefaramfoundation.com

UNICEF. El impacto del COVID-19 en la salud mental de adolescentes y jóvenes, 2020, consultado el 3 de enero de 2021. https://www.unicef.org/lac/el-impacto-del-covid-19-en-la-salud-mental-de-adolescentes-y-jóvenes

United States Department of Agriculture USDA. Cereal, Grasses, and Grains, consultado el 21 de agosto de 2021: https://www.fs.fed.us/wildflowers/ethnobotany/food/grains.shtml

Vox (@vox_es), "Tal día como hoy de hace 500 años, una tropa de españoles encabezada…". Twitter, 13 de agosto de 2021.

Fuentes orales citadas

Consigna secreta del Anáhuac o el último decreto de Cuauhtémoc, señor de Mexico-Tenochtitlan. Recuperado de Xokonoschtletl Gómora (1950), Director de la Asociación Civil Internacional Yankuik Anahuak.

Domit Gemayel, Lily. Cofundadora y Directora de la Fundación Internacional de Unidad Humana. Sobre el modelo de desarrollo humano Ic Izá, julio de 2020.

Bibliografía recomendada

De Las Casas, Bartolomé. In Defense of the Indians: The Defense of the Most Reverend Lord, Don Fray Bartolome De Las Casas, of the Order of Preachers, Late Bishop of Chiapa. Stafford Poole (trad.), Illinois, Northern Illinois University Press, 1992.

De Las Casas, Bartolomé. Los indios de México y Nueva España, Edmundo O 'Gorman (ed.), México: Porrúa, 1987.

Ixtlilxóchitl, Fernando de Alva. Horribles crueldades de los conquistadores de México: y de los indios que los auxiliaron para subyugarlo a la corona de Castilla o sea Memoria escrita por D. Fernando de Alva Ixtlilxóchitl publicada por suplemento a la historia del Padre Sahagún Carlos María Bustamante y la dedica al Supremo Gobierno General de la Federación Mexicana, Valladolid: Editorial Maxtor, 2012.

Van Zantwijk Rudolf. La organización de once guarniciones aztecas. Una nueva interpretación de los folios 17 v y 18 r del Códice Mendocino. In: Journal de la Société des Américanistes. Tome 56 n°1, 1967. pp. 149-160.

Vitoria, Francisco. Vitoria: Political Writings (Cambridge Texts in the History of Political Thought) (A. Pagden & J. Lawrance, Eds.). Cambridge: Cambridge University Press, 1991. doi:10.1017/CBO9780511840944

Williams, Thomas J. et al. "Evidence of an early projectile point technology in North America at the Gault Site, Texas, USA, Science Advances, 2018, vol. 4, núm. 10, doi 10.1126/sciadv. aar5954

www.ingramcontent.com/pod-product-compliance
Lightning Source LLC
Chambersburg PA
CBHW031449160726
47994CB00005B/1954